S0-BNH-313

658.0980
R61p

120116

DATE DUE			
Apr 30 '82			

WITHDRAWN

Planificación, Organización y Dirección de la PEQUEÑA EMPRESA

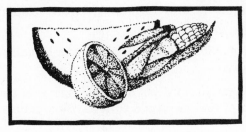

Leonardo Rodríguez

Profesor Asociado de Contabilidad y Administración
Florida International University

Copyright © 1980
by SOUTH-WESTERN PUBLISHING CO.
Cincinnati, Ohio, U.S.A.

Derecho de propiedad © 1980
por la SOUTH-WESTERN PUBLISHING CO.
Cincinnati, Ohio, U.S.A.

ISBN: 0-538-22450-9
Library of Congress Catalog Card No. 79-64766
1 2 3 4 5 6 7 8 9 0 D 8 7 6 5 4 3 2 1 0 9
Impreso en los Estados Unidos de América
(Printed in the United States of America)

ALL RIGHTS RESERVED

The text of this publication, or any part thereof, may not be reproduced or transmitted in any form or by any means, electronic or mechanical, including photocopying, recording, storage in an information retrieval system, or otherwise, without the prior written permission of the publisher.

TODOS LOS DERECHOS RESERVADOS

El texto de esta obra, o parte del mismo, no puede reproducirse o transmitirse por método o forma alguna, sea electrónico o mecánico, incluyendo copias fotostáticas, cintas magnetofónicas, acumulación en un sistema de información con memoria o de ninguna otra forma, sin autorización por escrito de la editorial.

CARL A. RUDISILL LIBRARY
LENOIR RHYNE COLLEGE

Marca de calidad

Libros de texto

V45   SOUTH-WESTERN PUBLISHING CO.

CINCINNATI   WEST CHICAGO, ILL.   DALLAS   PELHAM MANOR, N.Y.   PALO ALTO, CALIF.

RECONOCIMIENTOS

La lista de colegas de la Florida International University a quienes el autor les está agradecido por ideas y sugerencias en la preparación de este libro es grande. Entre ellos queremos destacar al Dr. Karl O. Magnusen y al Dr. Kenneth S. Most, Jefes de los Departamentos de Gerencia y de Contabilidad, respectivamente, al Dr. Gary S. Dessler, Decano Asociado, al Dr. George B. Simmons, Decano, y al Dr. Harvey H. Hendrickson, del Depto. de Contabilidad, todos ellos de la Facultad de Administración de Empresas.

Mención especial debe hacerse del Dr. Raúl Moncarz, del Departamento de Economía, el cual no solamente me animó a escribir el libro, sino que me facilitó fuentes de información necesarias para varios capítulos.

Queremos también dar las gracias a Lydia Hoadley quien mecanografió el manuscrito.

Por último no puedo dejar de mencionar a mi padre el Dr. Gabriel Rodríguez el cual me ayudó en la revisión del material.

658.0980
R61p
120116
Jan. 1982

DEDICATORIA

A María, mi vínculo con el pasado; y a Francisco Javier y Leonardo, mi vínculo con el futuro.

PREFACIO

PLANIFICACIÓN, ORGANIZACIÓN Y DIRECCIÓN DE LA PEQUEÑA EMPRESA

OBJETIVOS BÁSICOS QUE PERSIGUE ESTE LIBRO

Este libro está orientado a proveer al estudiante hispanoamericano con una combinación de conocimientos prácticos y teóricos. Conocemos el estado de desarrollo económico de la mayoría de las naciones latino-americanas, sabemos la función vital que la libre empresa ha de cumplir para poder acelerar la transformación de economías subdesarrolladas en economías industrializadas. Lamentablemente, no existe en la actualidad en el mercado de habla española un libro de carácter comercial, que incorporando los más modernos conceptos y métodos empresariales, sirva de guía a personas que deseen establecer y operar un pequeño negocio en esos países. La mayoría de los libros existentes son traducciones de textos de habla inglesa, ninguno de los cuales ha sido escrito teniendo en cuenta las características intrínsecas del mundo hispanoamericano.

Este libro, escrito por un hispanoamericano para estudiantes de habla castellana tiene en cuenta las características ambientales presentes y en las cuales se desenvuelven los negocios en la América Latina. Tendrá como objetivo primordial el demostrarle a dueños o gerentes potenciales de pequeñas empresas las ventajas y las desventajas de dichos negocios, y enseñarles cómo poder evitar algunos errores en la concepción, iniciación, organización y operación de la pequeña empresa, siempre teniendo en cuenta el ambiente hispano dentro del cual ellas se desenvuelven.

MÉTODO A EMPLEAR EN EL DISEÑO DEL LIBRO

La pequeña empresa constituye una parte importante del cuadro económico actual de la América Latina. La función de la pequeña empresa en la historia reciente de la América Latina ha sido de plena contribución al desarrollo de la economía respectiva de cada nación.

La década de los ochenta está ya en su comienzo y las economías de los países latinoamericanos están sufriendo un cambio substancial, no sólo desde el punto de vista económico, sino también desde el punto de vista social. A medida que estos países se mueven hacia una "economía de consumo", el papel que ha de jugar la pequeña empresa aumenta en importancia. Los dueños de firmas pequeñas deberán anticipar y ajustar rápidamente sus estrategias para hacer frente a los cambios significativos que están ocurriendo en estos momentos. Entre ellos, cambios en la demanda de los clientes, acciones por parte de los competidores y expectaciones de carácter general por parte del público consumidor. Debemos tener en cuenta que si bien los cambios en el ambiente económico presentan problemas, también presentan retos y crean oportunidades. Oportunidades que les permitirán a las pequeñas firmas, especialmente a aquéllas que sean bien administradas y que estén siguiendo la estrategia adecuada, triunfar económicamente, al mismo tiempo que contribuyen al bienestar general.

El mejorar la calidad de la administración de las pequeñas firmas inevitablemente llevará al fortalecimiento de un importante sector de la economía y también contribuirá al triunfo económico de la firma en particular. Es por esta razón, que el objetivo principal de este libro es lograr una administración más efectiva de nuestras pequeñas empresas.

El objetivo previamente mencionado, tiene a su vez una serie de sub-objetivos que se pueden resumir en la siguiente forma:

a. La determinación de la estrategia adecuada por parte del dueño de la firma.

b. Las diferentes actividades necesarias para la adecuada planificación, organización, dirección y control de las operaciones de la pequeña firma.

c. La obtención del mayor beneficio posible de los limitados recursos humanos y económicos de que dispone la firma.

d. Facilitarle al dueño de la empresa la identificación del "nicho ecológico" desde la cual la empresa pueda operar ventajosamente, así como hacerle frente en una forma satisfactoria a la competencia.

ESTILO QUE SE EMPLEA EN EL LIBRO
Y EL TAMAÑO DEL MISMO

El libro está escrito en un lenguaje claro y comprensivo teniendo en consideración que el mercado para el cual está proyectado está representado por una amplia variedad de posibles lectores.

La presentación del material se hará más interesante por medio del uso de ejemplos y casos. La mayoría de los casos colocan al lector en la posición de ser el dueño o gerente, lo cual implica que tiene que enfrentarse a una situación en particular y tomar una decisión.

El material está dividido en seis áreas.

La primera parte explora el ambiente dentro del cual se desenvuelve la pequeña empresa. Se detalla la función que ésta tiene en la economía nacional y la contribución que el sector hace al bienestar general.

La segunda parte hace un análisis detallado de los pasos que son necesarios para la concepción, organización y operación de la firma. Aquí se discuten cuestiones específicas, tales como la decisión de comprar una firma ya establecida, o establecer una nueva, selección del lugar donde ésta estará situada, las instalaciones físicas requeridas y las fuentes de fondos necesarios para emprender la aventura.

La tercera parte cubre aquellos aspectos que son necesarios para la dirección y administración de la empresa ya establecida. Específicamente se evaluarán las diferentes estructuras legales bajo las cuales es posible operar, las funciones de administración, y factores de mercadotecnia y estados financieros que sean necesarios.

La sección cuarta trata de la ampliación y expansión de la empresa. Aquí se supondrá que la firma ya ha llegado a su segunda etapa de crecimiento y que está en posición de ampliar su mercado y mejorar su organización interna.

La sección quinta trata sobre aspectos internacionales que facilitarán la expansión y el desarrollo de la firma.

La última sección del libro trata en una forma específica sobre la administración, dirección y control de tres clases de empresas pequeñas.

CONTENIDO

LA PEQUEÑA EMPRESA EN LA ECONOMÍA NACIONAL

PRIMERA PARTE

Esta primera parte está compuesta por cuatro capítulos los cuales le permitirán al lector explorar el ambiente dentro del cual se desenvuelve la pequeña empresa. En esta sección se detallará la función que el sector hace al bienestar general. Entre los temas que se cubrirán están las características personales del hombre de empresa, la determinación de los objetivos y metas de la firma así como la estrategia a desarrollar para alcanzar dichos objetivos. De señalada importancia son las causas que originan el fracaso de la pequeña empresa y cómo prevenirse de ellas.

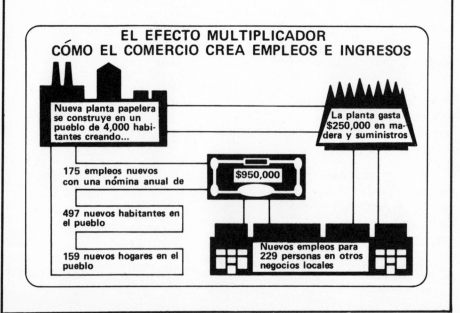

CAPÍTULO I

FUNCIÓN DE LA PEQUEÑA EMPRESA EN LA ECONOMÍA NACIONAL

Desde los comienzos de la colonización de América, España impuso en sus colonias una política económica transida de monopolismo y de expoliación fiscal, que los historiadores denominan la *política mercantilista*, la cual frenaba el crecimiento de ellas y consecuentemente el desarrollo de la grande y pequeña empresa. A reserva de tratar los demás factores negativos de carácter económico que afectaron al comercio de la América española, a continuación nos referiremos, aunque muy someramente, a los dos aspectos citados: La política monopolista y la expoliación fiscal.

Política monopolista. En fecha tan temprana como 1495 los reyes católicos dispusieron que fueran sólo castellanos, y en barcos españoles, quienes pudieran comerciar con las Indias, pero solamente por el puerto de Cádiz. Se hizo expresa exclusión de dicho comercio a los súbditos de Aragón.

Posteriormente se estableció que solamente se pudiera comerciar con las colonias desde los puertos de Sevilla y Cádiz. A Cataluña, en donde estaban radicados los mayores y mejores centros fabriles de la península Ibérica se prohibió el comercio con las colonias, hasta comienzos del siglo XVIII.

En 1503 por real cédula expedida por la reina Isabel, se creó la Casa de Contratación de Sevilla, cuya misión era controlar y

3

cautelar el comercio entre España y las colonias. Para darle efectividad al monopolio la Casa de Contratación creó los Factores, empleados de ella, que se situaban en los puertos de las colonias para fiscalizar los registros de las naves a su llegada, amén de que era requisito que viajara un escribano de la Casa en ellas.

La Corona, a su libre arbitrio, determinaba cuáles productos o cultivos podrían desarrollarse en cada colonia y cuáles no, ya que la política al respecto no era igual para cada uno. Y todo esto con vista a que la producción agrícola e industrial de América no perjudicara a la de la metrópoli. Además, ella también determinaba como las colonias podían comerciar entre sí.

El tráfico mercantil de muchos artículos estaba monopolizado por el Estado. Esto sucedió durante mucho tiempo con la ropa, el vino, adornos y otros géneros. En México y Perú se prohibió el cultivo del cáñamo y del lino, permitiéndose solamente que se tejiesen las sedas, el algodón y la lana. En 1615. para que los aceites y vinos españoles no pudieran ser afectados por las producciones del Perú se prohibió que se exportasen a Guatemala y a Panamá. A comienzo del siglo XVIII se estableció en la Isla de Cuba el Estanco del Tabaco, organismo estatal que monopolizaba la compra, elaboración y venta del tabaco.

Los casos que se acaban de mencionar son sólo algunos de los muchos que se pudieran citar, que demuestran la tendencia monopolista de la metrópoli española.

*La expoliación fiscal.** La metrópoli, pese a que gravaba a las colonias con grandes impuestos, no tuvo escrúpulos en imponerles en el año 1543 derechos de aduana a todos los productos que llegaban a sus puertos de las Indias, y como ya veremos más adelante, también los impuso a todas las mercancías de la Península, cuando éstas se introducían en sus posesiones de América.

A continuación damos a conocer al lector una relación parcial de los impuestos vigentes en las colonias, los que se destinaban casi en su totalidad a la Metrópoli, al sostenimiento de las iglesias católicas y al pago de los sueldos de los empleados y funcionarios de la colonia. El *diezmo,* 10% sobre del ingreso que tenía que contribuir la persona para el sostenimiento de la iglesia. La *alcabala,* 4% sobre las ventas de mercancía. El *quinto del Rey,* recaudación para la monarquía que se obtenía gravando toda la plata que se producía en la América Española. El *tributo,* era el pago anual que tenían que realizar todos los habitantes de la colonia, que en algunos lugares llegó a $8. El de *avería de la Armada,* un impuesto del ½% sobre

---

* Por expoliación fiscal se entiende un sistema fiscal inicuo.

el valor de toda plata labrada y de toda mercancía. El *almojarifazgo*, impuesto del 5% que se iniciaba cuando la mercancía ingresaba en el puerto y un 2% cuando se extraía del mismo. Este impuesto se incrementaba con los recargos adicionales que tenía que pagar la mercancía en la aduana marítima y las terrestres, que existieran por donde pasaban hasta llegar a su destino final. La *media anata* impuesto que gravaba los títulos nobiliarios, universitarios y profesionales.

El impacto que causó la política monopolística y la expoliación fiscal fue funestísimo para el desarrollo económico de las colonias, ya que llevó los precios a niveles altísimos en relación a la capacidad adquisitiva de la población, lo que limitó las posibilidades de una *pequeña empresa,* floreciente y numerosa.

Pero no creamos que las cargas señaladas fueron los únicos factores determinantes del encarecimiento de las mercancías, pues hubo otros. Uno de ellos de más entidad y más grave, trataremos a continuación.

La ubicación de los centros de población: Mientras los pobladores de las 13 colonias inglesas se situaron en los bordes de la costa y en las riberas de sus caudalosos ríos, desarrollando la agricultura, la ganadería y a la vez creando fábricas y astilleros, lo cual les permitió desarrollar un gran comercio interno donde floreció estupendamente la *pequeña empresa,* a la vez que comerciaban con Inglaterra por medio de buques, los españoles, bien porque los sitios donde aparecieron los yacimientos mineros de oro y plata estaban muy lejos de la costa, tierra adentro, o bien porque las costas eran insalubres y malsanas, establecieron la mayoría de las poblaciones importantes en Centro y Sur América, muy lejos del mar, lo cual los obligó a realizar largos recorridos terrestres transportando a lomo de asno, mulos o sobre espaldas indígenas las mercancías para llevarlas al puerto para su exportación. El mismo esfuerzo era necesario para recoger en éstos lo que venía de ultramar.

En tanto que las ciudades de las trece colonias norteamericanas como Boston, New York, Filadelfia, etc., estaban situadas a la orilla del mar, las grandes ciudades del Imperio Español en América estaban en lugares del interior, muchas de ellas detrás de altísimas cordilleras o en las montañas, por ejemplo, Ciudad de México, Ciudad de Guatemala, San José de Costa Rica, Bogotá, La Paz, Quito, Santiago de Chile, etc., así también, los dos centros mineros de oro y plata más importante del orbe en aquella época, Guanajuato, en Méjico, y Potosí en el Perú.

Entre un sistema como el Inglés que empleaba el barco, y el Español que gran parte de su transporte lo hacía a lomo de mulo o asno, naturalmente tendía a desarrollarse más el que empleaba el buque. Sorprende pensar sobre el gigantesco esfuerzo que tenía que realizarse para comerciar entre España y Potosí, esta, la ciudad más rica del hemisferio occidental en ese tiempo. Después de una navegación dos veces más larga que la que había que hacer entre Londres y Boston, había que descargar las mercancías en el Istmo de Panamá, allí cargarlas en arrias de mulos, atravesar el Istmo, descargarlas en la ciudad de Panamá para de nuevo cargarlas en los navíos de la Flota del Pacífico que las descargarían en el Callao, montarlas otra vez en el lomo de las bestias y vencer entonces varias cordilleras que se interponían entre el Pacífico y Potosí, ciudad situada a 4,060 metros de altura.

El hecho físico/geográfico expuesto les fijó a las grandes ciudades de los Virreinatos del Perú y Méjico — los dos pilares económicos del Imperio — condiciones limitativas a su exportación y a su importación. No podrían mandar a España nada más que oro, plata y productos valiosos de muy poco peso, y recibir de ella solamente armas, herramientas, ropas, prendas, vinos y productos valiosos o muy necesarios; pero livianos.

Si la política monopolista, la expoliación fiscal, y la ubicación de las poblaciones ricas alejadas de los puertos y detrás de cordilleras de montañas fueron los factores principales del tremendo encarecimiento de los productos, las instituciones que el conquistador estableció en sus dominios, y de las cuales a renglón seguido nos ocuparemos, fueron la causa del envilecimiento del trabajo y, en consecuencia, del gran impedimento para la formación de un gran mercado consumidor, requisito sine qua non para el desarrollo tanto de la gran empresa como de la *Pequeña Empresa*.

Encomiendas. Al desembarcar los conquistadores fueron tomando en nombre de la Corona la posesión de las tierras que ocupaban los indios, las cuales, el rey repartía después entre sus colonos, dándosele a este despojo el nombre de *repartimiento*. Más tarde, para poder poner en explotación aquellas tierras, se repartió entre los nuevos terratenientes, la población indígena, con el pretexto de evangelizarla e instruirla, denominándose *encomiendas* a la institución que surgió de estos actos.

Mita. Después de constituidas las *encomiendas*, que tuvo modificaciones andando el tiempo, surge la *mita*, que era el repartimiento que se hacía en algunas colonias, por sorteo en los pueblos indios para sacar el número correspondiente de vecinos que debían emplearse en los trabajos públicos. En Perú, en el año 1573, el Virrey Francisco de Toledo extendió la obligación de la mita a los trabajos de minería, en donde se pagaba tres reales y medio al mitayo que trabajaba en el interior de la mina, donde no veía luz solar durante cinco días.

El *obraje* era una servidumbre parecida que se desarrollaba en las hilaturas, y en trabajos de confección de ropas.

La esclavitud. Conocida bien por todos los lectores la institución de la esclavitud de africanos, sólo recordaremos de ella que se inició en la época de los descubrimientos y se terminó al decretarse su abolición en Cuba a fines del siglo XIX.

LAS REPÚBLICAS LATINOAMERICANAS

En la apretada síntesis que hemos realizado del acontecer colonial latinoamericano, quisimos darle al lector una breve información de la economía prevaleciente en la mayoría de las regiones de la América Latina de aquella época, cuyos aspectos perduraron durante años después de la Independencia, síntesis breve, sí; pero suficiente para que podamos darnos cuenta cabal de que se daban en aquella época condiciones que obstruccionaban el florecimiento del libre comercio, y, en consecuencia, el de la *Pequeña Empresa*.

Al separarse las colonias españolas, ipso facto establecieron el comercio con todos los países del mundo; ya desde mediados del siglo pasado, empezaron a establecerse ferrocarriles, y a desarrollarse la navegación a vapor. En el año 1914 se abre el Canal de Panamá, grandes inmigraciones europeas se vuelcan sobre la América Central y la del Sur, trayendo consigo variadas artesanías, conocimientos, técnicas nuevas, así también ideas progresistas para el desarrollo de los negocios. Más tarde vienen las carreteras y los automóviles, y después la aviación comunica todos los confines del Continente.

Paralelamente a todo lo dicho surgió el inversionismo inglés, europeo y el norteamericano.

Con los grandes recursos aportados por las inversiones extranjeras y el ahorro interno se fueron creando grandes empresas mercantiles, agrícolas, industriales y mineras, cambiando totalmente el panorama económico que parecía estático a mediados del siglo pasado.

Unido todo lo expuesto a un gran aumento de la cultura, la civilización y la técnica, cosa que se ha logrado en muchas regiones del continente de habla española, ha sido posible en el cuarto del siglo pasado un sorprendente crecimiento económico, que ha permitido levantar los estándares de vida y el poder adquisitivo de las masas, (aunque parte importante de éstas aún viven marginada del progreso, *requisito sine qua non* para el desarrollo de la *Pequeña Empresa*), y así vemos como ha surgido, vigorosa y espléndida, especialmente en el comercio al detalle en Buenos Aires, San Pablo, Caracas, Ciudad de Méjico, y muchas ciudades más.

Presencia hispánica en los Estados Unidos de Norteamérica

Ha sido en los últimos años cuando la presencia de millones de habitantes de origen hispano — mexicanos, puertorriqueños y cubanos — dentro de la nación Americana ha empezado a hacerse sentir en el ámbito económico. A medida que el ingreso económico de estas minorías ha ido en aumento podemos observar como el desarrollo de pequeños negocios dirigidos y administrados por hispanos ha ido en ascenso. Miami, Los Angeles, New York y Chicago por mencionar algunas ciudades se han convertidos en centros donde se establecen, desarrollan y crecen empresas Latinas, por no mencionar el obvio ejemplo de San Juan, Puerto Rico.

¿QUÉ ES UNA PEQUEÑA EMPRESA?

Una empresa puede ser definida como una entidad que, operando en forma organizada, utiliza sus conocimientos y recursos para elaborar productos o prestar servicios que se suministran a terceros, en la mayoría de los casos mediante lucro o ganancia.

La definición anterior abarca todo tipo de empresa, grande, mediana o pequeña, e independientemente de la magnitud de sus recursos humanos o económicos.

Expuesto lo anterior, de inmediato surge la pregunta: ¿Cómo diferenciar la empresa pequeña de la grande? ¿Qué criterio debemos de emplear para identificar y clasificar una empresa como pequeña? ¿Qué características ha de tener ésta para ser objeto de dicha clasificación? No existe una respuesta fácil a esta serie de preguntas, ya que cualquier criterio o serie de requisitos que exijamos nunca será completo. Por ejemplo, ¿es el volumen de venta o el número de empleados el factor determinante en la clasificación? ¿Podemos aplicar los mismos tipos de estándares a las firmas manufactureras que a las detallistas?

En los Estados Unidos la Administración de Pequeños Negocios, — Small Business Administration — agencia federal dedicada al fomento y ayuda de los pequeños negocios mediante préstamos, basa en estándares de carácter cuantitativo las principales clasificaciones de pequeñas empresas, todas elaboradas como se verá a continuación en conceptos relativos en la siguiente forma:

Firmas de ventas al detalle y servicio: — Una firma con ingresos de venta de menos de 2 millones hasta 8.5 millones de dólares dependiendo dentro del área de la industria donde opera.

Firma mayorista: — Es considerada pequeña si la firma tiene ventas anuales de menos de 9.5 millones de dólares hasta 22 millones de dólares, dependiendo del sector de la industria a que pertenece.

Firma manufacturera: — Es considerada pequeña si tiene menos de 250 empleados. La clasificación arriba expuesta vemos que hace énfasis en la cantidad de empleados y el volumen de ventas.

Los estándares empleados por la Administración de Pequeños Negocios en los Estados Unidos para definir lo que es una firma pequeña no son los más apropiados para ser aplicados en la América Latina, debido a la notable diferencia en tamaño, volumen de ventas, número de empleados de que consta la firma típica de la pequeña empresa en la América Latina, amén de las consideraciones ambientales que son factores ponderables en la definitiva valorización.

Las circunstancias anteriormente expuestas determinan que en relación a la América Latina deben establecerse estándares de carácter cualitativos en vez de cuantitativos al objeto de poder identificar una firma como pequeña. Independientemente de clasificaciones artificiales que puedan ser hechas por las naciones respectivas, una de las mejores clasificaciones que el autor ha tenido la oportunidad de analizar es la establecida por el Comité de Desarrollo Económico, una asociación compuesta por comerciantes de los Estados Unidos. El criterio sostenido por el Comité especifica que una empresa que llene dos de los siguientes cuatro requisitos debe de considerarse como pequeña:

1. Administración independiente. (Usualmente dirigida y operada por el propio dueño).
2. El capital de la firma es suministrado por el propio dueño.
3. El área de operaciones es relativamente pequeño y principalmente local.
4. La empresa es relativamente pequeña cuando se le compara con otra en la industria o giro.

Esta definición de lo que es una pequeña empresa parece ser la más práctica desde el punto de vista Latino-Americano, ya que en realidad cada uno de los estándares se identifica con características específicas de lo que una pequeña empresa es.

La administración independiente es una de las razones que se citan con más frecuencia para el establecimiento de una firma y el hecho de que el capital de la firma sea principalmente suministrado por el propio dueño contribuye al sentimiento de independencia que tanto predomina en la firma pequeña.

El hecho de que el área de operaciones sea principalmente local por limitación le da carácter de empresa pequeña, aunque la empresa se extienda en sus operaciones más allá de la ciudad.

Por último, el concepto de "tamaño relativo" dentro de una industria, es un estándar aceptado y fácil de comprobar.

Como vemos, no es fácil el establecer una definición clara y precisa de lo que es una firma pequeña. Todo depende de cuáles son los aspectos cuantitativos y cualitativos que tengamos en cuenta para hacer dicha selección.

ÁREAS EN QUE SE DESENVUELVE LA PEQUEÑA EMPRESA

El establecimiento y operación de empresas es el resultado del deseo humano de poder satisfacer necesidades de carácter material. El dueño del negocio busca una utilidad a través de la manufactura y venta de un producto o de la realización de un servicio, y a su vez el que compra dicho producto o servicio busca la satisfacción de una necesidad. El factor determinante que motiva al empresario a establecer la empresa y aceptar el riesgo que esta decisión conlleva, es el de obtener cierta utilidad o ganancia a través de la operación de la firma.

En algunas ocasiones, la empresa pequeña se especializa en venderle productos a grandes firmas manufactureras las cuales por diferentes razones entienden que es mejor comprar algunas piezas o partes, que dedicar recursos humanos y económicos en fabricarlas ellos mismos. Vemos pues, que una pequeña firma puede especializarse en la manufactura de ciertos artículos que son necesitados por las empresas mayores. En los países de la América Latina existen cientos de pequeños empresarios que obtienen ganancias y utilidades satisfactorias realizando al mismo tiempo la actividad de mayoristas y detallistas.

Existen tres sectores principales en los cuales se puede invertir para establecer una pequeña empresa. Estos son, el manufacturero, el mayorista y el detallista.

Cada uno de estos sectores tienen características específicas que más adelante se estudiarán en capítulos dedicados especialmente a ellos: Sin embargo, a continuación señalaremos ahora brevemente algunas de dichas características.

Firmas dedicadas a la industria, fabricación o manufactura

1. De todos los tipos de empresa es la que requiere proporcionalmente una inversión mayor de capital, debido a la necesidad de adquirir maquinarias y equipo.
2. Requiere el empleo de personal con entrenamiento adecuado en la operación de los equipos.

3. Requiere la existencia de control de calidad sobre los productos manufacturados.

4. Es requisito sine qua non para el triunfo económico de la empresa que ésta esté presupuestada.

5. De todo tipo de empresa es la que requiere una planificación más detallada, tanto desde el punto de vista interno como externo.

Firmas dedicadas a la venta al detalle

1. Es uno de los sectores más competitivos, ya que el margen total de utilidad en la venta es proporcionalmente menor.

2. A empresarios de este tipo de negocio se les hace relativamente fácil tanto establecerse como abandonar el sector detallista.

3. Se requiere una predisposición especial para tratar con el público consumidor.

4. Ciertos tipos de establecimientos de ventas al detalle son extremadamente estables.

5. Aunque el desarrollo de nuevos métodos de venta ha estimulado este sector, podemos decir, sin embargo, que los cambios en él son de carácter evolutivo y no revolucionarios, y usualmente reflejan cambios en los gustos del consumidor.

Firmas mayoristas o distribuidoras

1. Requieren menos capital que las empresas manufactureras y más capital que las detallistas. Usualmente se requiere la inversión en depósitos de mercancías, camiones y vehículos para la distribución de las mercancías.

2. El distribuidor satisface una necesidad, tanto del fabricante como del detallista, actuando como intermediario entre ambos.

3. Los márgenes de utilidad no son tan grandes como los que obtiene el sector manufacturero, pero son usualmente mayores que los del sector detallista.

4. La supervivencia a largo plazo del distribuidor depende de la habilidad de éste en la selección de sus clientes. Por lo tanto, una adecuada planificación es vital en este sector.

VENTAJAS COMPETITIVAS DE LA PEQUEÑA EMPRESA

A pesar de sus múltiples problemas, la firma pequeña puede competir en forma satisfactoria en el mercado. La razones que le permiten a la pequeña empresa no solamente sobrevivir, sino tam-

bién generar una adecuada ganancia para sus dueños son múltiples
y usualmente depende de situaciones específicas que cada firma
triunfadora enfrenta. Sin embargo, existen ciertos factores comunes
que han sido identificados en aquellas firmas que, a pesar de su tamaño, continúan operando y produciendo utilidades para sus dueños.
Entre estos factores comunes tenemos los siguientes:

Flexibilidad en la administración

Es bien reconocido el aspecto evolutivo del mercado. Constantemente nuevos productos surgen a la luz pública y nuevas necesidades
surgen que hay que satisfacer. La existencia de líneas de comunicación cortas y el hecho de que las decisiones en las empresas pequeñas
son tomadas por el mismo dueño "sobre el terreno" hacen que la
ejecución de la estrategia de la firma sea extremadamente factible y flexible, permitiéndole a la empresa adaptarse más rápidamente a los cambios bruscos que pueda sufrir el mercado.

El aspecto de líneas de comunicación cortas también asegura la
estabilidad interna de la firma, ya que el dueño en su contacto diario
y personal con sus empleados está en posición de tomar las medidas
adecuadas para evitar los múltiples problemas humanos que usualmente surgen en toda empresa.

Contacto personal con el mercado que se sirve

Una de las ventajas que puede explotar al máximo una empresa
pequeña es la no existencia en ella de una superestructura burocrá-
tica que alejada del mercado toma decisiones relativas a productos
y servicios que hay que ofrecer. En la empresa pequeña el dueño
está, debido a su constante trato con la clientela que forma su mercado, en posición de obtener un conocimiento detallado y concreto
del tipo de cliente que sirve y de los productos que más se venden.
Esa información no tiene que ser trasladada a terceras personas para
la toma de decisiones, sino que es el propio dueño el que con la información disponible de primera mano toma las decisiones necesarias.
Esta información le permite desarrollar una estrategia de mercado
que hará que su firma aparezca diferente de las demás a los ojos de
los clientes. Esta diferenciación puede ser basada en la habilidad
de ofrecer un producto o servicio excelente o pudiera ser definida
en términos geográficos o de liderazgo en un mercado en particular.

Aplicación del talento y especialización del dueño

Otro factor común identificado en aquellas firmas triunfadoras
es la existencia de un dueño que tiene gran conocimiento en un área
especial, quien aplica dichos conocimientos en una actividad que le

es agradable y en la cual él disfruta. Toda empresa pequeña para triunfar requiere largas horas de trabajo por parte del dueño. Uno de los elementos motivadores que animará a este tipo de empresario a continuar dedicándole horas extras a la empresa ha de ser el que la actividad que desenvuelva le sea agradable.

Desventajas competitivas con que se enfrenta la pequeña empresa

Es de extrema importancia que el futuro hombre de empresa reconozca las debilidades estructurales que por motivo de su tamaño son características de la pequeña empresa. Así vemos que a menudo le es imposible al dueño el obtener empleados competentes o recursos financieros adicionales para la expansión de la firma o para dedicarlos a la investigación de nuevos productos o mercados.

Específicamente hemos identificado un número de factores que hacen que las empresas en muchos casos tengan que operar con desventajas competitivas que en un gran porcentaje de casos determinan su fracaso y desaparición, entre ellos podemos citar los siguientes:

Limitado capital y la inhabilidad de adquirir recursos adicionales

Este es uno de los problemas que más afecta al futuro de la pequeña empresa. Usualmente el dueño o el empresario establece la firma con un capital limitado, el cual, cuando la empresa comienza a crecer, resulta insuficiente para hacer frente a dicho crecimiento. Debido al tamaño de la firma, y al poco tiempo que lleva en operaciones, por lo regular es difícil encontrar un banco que esté dispuesto a correr el riesgo de prestar el capital adicional requerido para su expansion.

Inexperiencias del dueño

En ocasiones tenemos que el empresario potencial, aun teniendo recursos financieros, carece de la experiencia y el conocimiento necesario de cómo operar una empresa del tipo que pretende establecer.

El número de horas de trabajo requerido

Un factor común que ha sido identificado en los estudios que se han hecho sobre firmas pequeñas es el número de horas que el dueño tiene que dedicarse a la empresa. En muchos casos, los empresarios para subsistir se ven compelidos a trabajar los sábados y los domingos, casi siempre en labores manuales o de contabilidad, a pesar de estar cerrado el establecimiento y de que no haya empleados en él,

lo que además de generar problemas familiares y de salud, le impide
tener tiempo para pensar, reflexionar, planear y ponderar la política
futura del negocio frente a los nuevos factores que el propio futuro
va creando.

Futuro de la pequeña empresa en la América Latina. Su expansión y crecimiento

¿Cuál ha de ser el futuro de la pequeña empresa y de las oportunidades que ésta concede de libertad, iniciativa e independencia? ¿Cuál
ha de ser la función vital que ella ha de jugar en la transformación
económica que actualmente se desarrolla en la América Latina?

Estamos plenamente convencidos que la pequeña empresa tiene
un papel esencial en el cuadro económico presente. No solamente
ofrece la pequeña empresa avenidas y oportunidades al individuo
industrioso para permitirle que desarrolle plenamente sus capacidades, sino también, tomada en conjunto, ella representa una pujante
fuerza que está en posición de hacer una significativa contribución
al sistema económico de cada nación.

SUMARIO

1. La política mercantilista del Imperio español, que descansaba
   en el monopolio y en la expoliación fiscal, unida al exagerado
   costo del transporte terrestre —especialmente en Sur y Centro
   América— que se efectuaba en arrias desde los puertos a las
   ciudades, casi siempre situadas muy lejos, detrás de altísimas
   cordilleras, determinó un enorme encarecimiento de las mercancías, y por otra parte las ecomiendas, la mita, el obraje y la esclavitud envilecieron la retribución del trabajo. Ambos factores,
   mercancías carísimas y jornales irrisorios impidieron la creación
   de un gran mercado en las colonias, por lo que la pequeña empresa dependió para subsistir de una exigua minoría, incapaz de
   hacerla floreciente y vigorosa.
2. En la República, el panorama socio-económico ha cambiado ex-
   traordinariamente; pero la pequeña empresa en la América Latina, deberá aplicar los métodos y sistemas de gestión de negocios
   modernos si desea llegar al máximo de su potencial.
3. Una empresa de negocios puede que sea clasificada como pequeña o grande, dependiendo ello del criterio que se aplique. Existen
   criterios de carácter cuantitativos y cualitativos, así como el que
   usa el Comité de Desarrollo Económico, el cual describe en forma
   precisa los requisitos que ha de llenar una empresa que se considere pequeña.

4. El establecimiento y operación de empresas es el resultado del deseo humano de poder satisfacer necesidades de carácter material.

5. El factor determinante que motiva al empresario a establecer la empresa y aceptar el riesgo que esto conlleva es el de obtener ciertas ganancias o utilidades.

6. Tres son los sectores principales en los cuales se puede establecer una empresa: el manufacturero, el mayorista y el detallista.

7. La pequeña empresa también tiene ciertas desventajas de carácter competitivo. Algunas de ellas son: el limitado capital, la imposibilidad de adquirir recursos adicionales, la inexperiencia del dueño y el número de horas de trabajo que se requiere que el dueño le dedique a la empresa.

Preguntas de repaso

1. ¿Cuál fue el lugar de la pequeña empresa en la América Latina a raíz del descubrimiento y antes de la independencia de las repúblicas de Centro y Sur América?

2. ¿Qué papel ha jugado la pequeña empresa en las repúblicas centro y suramericanas después de la independencia?

3. ¿A qué se debe el número de definiciones de lo que constituye una pequeña empresa?

4. ¿Por qué usted cree que la definición de lo que es una pequeña empresa debe de ser hecha a base de elementos cualitativos y no cuantitativos?

5. ¿Cuál es el criterio del Comité de Desarrollo Económico?

6. En su ciudad, ¿qué tipo de negocio predomina?

7. ¿Cuáles son las áreas en las que se desenvuelve la pequeña empresa?

8. ¿Cuáles son las características principales de las firmas manufactureras?

9. ¿Cuáles son las características principales de las firmas detallistas y mayoristas?

10. ¿Qué ventajas y desventajas tiene la pequeña empresa en el mercado?

11. ¿Qué tipos de firmas manufactureras existen en su ciudad? Detallistas, mayoristas.

BIBLIOGRAFÍA

CAPÍTULO 1

Broom, H. N., Justin G. Longenecker, *Small Business Management*. 5a. ed. Cincinnati: South-Western Publishing Co., 1979.

Kelley, Pearce C., Kenneth Lawyer, and Clifford M. Baumback. *How to Organize and Operate a Small Business*. 5a. ed. Englewood Cliffs: Prentice-Hall, Inc. 1973.

Macfarlane, William N. *Principles of Small Business Management*. New York: McGraw-Hill, 1977.

Madariaga, Salvador. *El auge del imperio español en las Américas*. Buenos Aires: Editorial Sudamericana, 1959.

Marrero, Levi. *Cuba: Economía y sociedad*. Barcelona: Editorial San Juan Puerto Rico, 1972.

New York: Committee for Economic Develepment, *Meeting the Special Problems of Small Business*, 1947.

Pickle, Hal B., Royce L. Abrahamson. *Small Business Management*. Santa Barbara: Wiley/Hamilton Publication, 1976.

Sánchez, Luis Alberto. *Breve historia de América*. Buenos Aires: Editorial Losada, 1965.

Sánchez, Ramiro Guerra. *Manual de historia de Cuba: Económica, social y política*. 1938.

U. S. Small Business Administration. Washington, D. C. *The Study of Small Business*. Part II. 1977.

CAPÍTULO II

.

EL HOMBRE O MUJER DE EMPRESA.
USTED COMO DUEÑO DE UNA FIRMA

En el primer capítulo hemos tratado de definir lo que es una pequeña empresa, el área en que ésta se desenvuelve y la función que ésta realiza en la economía nacional.

Ahora quisiéramos presentarle al lector lo siguiente:

1. Un análisis comparativo de las ventajas y desventajas de un empleo asalariado.

2. Una evaluación de la recompensa y los riesgos de ser un empresario.

3. Las características personales que ha de tener el hombre de empresa.

4. Un autoanálisis introspectivo que el lector puede hacer de sí mismo para ver si él tiene las características requeridas para triunfar en una firma pequeña.

Los puntos mencionados arriba y que serán objeto de discusión en este capítulo son de vital importancia para el triunfo eventual de la firma, ya que cuando uno estudia el comportamiento de aquellos que han escogido una carrera como dueño o gerente de una empresa pequeña no puede menos que sorprenderse de que la causa del fracaso de ésta en realidad radica, en muchos casos, en fallos del propio empresario, el cual no está preparado psicológicamente para hacerle frente a la prolongada lucha y largas horas que se requieren para hacerla triunfar.

VENTAJAS DE UN EMPLEADO ASALARIADO

El no tener que arriesgar recursos personales

Es indudable que pocos son los empleados que arriesgan recursos personales en el empleo donde trabajan.

La desventaja de esto radica en que al no invertir en un negocio propio pierde la oportunidad de obtener una utilidad como retorno de su inversión.

Menos horas de trabajo

El ser empleado no conlleva la responsabilidad de llegar más temprano y salir más tarde que el resto del personal. Al mismo tiempo, no existe la responsabilidad de planear y asegurarse de que los planes sean ejecutados. Existe, por lo tanto, menos preocupación.

Seguridad relativa

El estar empleado conlleva cierta seguridad. Si se trabaja para una empresa grande esta seguridad es mayor, ya que muy a menudo existen planes de retiros y de salud que la firma ofrece a sus empleados.

Por otro lado, debe el lector tener en cuenta que existen ocasiones en que la empresa, ya por motivos económicos o de reorganización interna, se ve forzada a cesantear empleados con largos años de antigüedad en la empresa, perdiéndose en estos casos no sólo el trabajo, sino todos los beneficios acumulados durante años.

Oportunidad de adquirir experiencia empresarial

Una última, pero no por ello menos importante razón para trabajar en un puesto de asalariado, es la de obtener la necesaria experiencia para en un futuro establecer una empresa propia.

Innumerable es el número de empresarios que han adquirido experiencia trabajando en empresas mayores y que, una vez que han iniciado sus propias empresas, han transferido los métodos y procedimientos aprendidos a sus propias empresas.

También es posible que sea mayor aún el número de empresarios potenciales que ya porque están bien remunerados o por responsabilidades de carácter personal difieren indefinidamente la transición de empleado a empresario.

DESVENTAJAS DE UN EMPLEADO ASALARIADO

En la sección anterior hemos discutido algunos de los factores que animan a muchos a seguir en un empleo en vez de escoger el camino de una firma propia.

Si bien es verdad que factores como seguridad de empleo, menos horas de trabajo, menos preocupaciones, etc., presentan ventajas reales, no es menos cierto que a cambio de éstas, el empleado tiene que aceptar ciertas "desventajas". Entre estas desventajas tenemos las siguientes.

Ganancias limitadas

Cuando uno estudia la tabla de organización de muchos negocios, uno no puede menos que notar lo limitado que es el salario tope en la mayoría de las posiciones, lo que no es el caso de los dueños de empresa. Los ingresos del hombre de empresa están solamente limitados por la capacidad de ésta y el esfuerzo que él decida desarrollar en su empresa.

Subordinación

Si bien es verdad que hay individuos que prefieren que las decisiones sean hechas por superiores, a otros no les agrada o no soportan la falta de iniciativa individual y el constante freno a que sus decisiones están sometidas.

Paralelo a lo anterior es el hecho de lo lento de las promociones y lo difícil que es a veces tener que trabajar para superiores que poco tienen en consideración los más elementales métodos modernos de supervisión.

RECOMPENSA Y RIESGO DE SER EMPRESARIO

Es indudable que sólo una pequeña minoría de aquellos que potencialmente pudieran establecer una empresa lo llegan a hacer. Ahora bien, aquellos que deciden correr el riesgo y a la larga triunfar reciben como recompensa una serie de beneficios tanto materiales como psicológicos. Entre estos beneficios tenemos los que siguen.

Independencia

El sentirse independiente, es decir, no tener que obedecer órdenes superiores ni depender de otros en el trabajo diario tal vez sea el mayor de los beneficios o razones que impulsan a una persona a iniciar una empresa propia. Muchas personas tienen un fuerte y tenaz deseo de poder ser ellos mismos los que tomen las decisiones importantes en la empresa. Así también están dispuestas a afrontar el riesgo que la toma de decisiones implica y recoger para ellos solos la recompensa que la toma de decisiones acertadas conlleva.

El hombre o mujer de empresa tiene por lo general un sentido de independencia altamente desarrollado y un constante deseo de mantenerse fuera del control de otros.

Deseo de poder

Algunos empresarios son estimulados a establecer empresas simplemente por ansias de poder. Aunque éste no es uno de los motivos más nobles de que puede ufanarse la raza humana, es uno que para ciertos individuos se convierte en un deseo insaciable que tiene que ser satisfecho de una u otra manera.

El ganar dinero

Otro factor de gran importancia en la decisión de establecer una empresa es la esperanza de poder ganar dinero y obtener cierta seguridad financiera. Aquellas empresas que son operadas eficientemente en la mayoría de los casos generan un interés substancial sobre el capital invertido.

Una vez que la empresa comienza a producir utilidades en una forma consistente, esto se traduce en seguridad financiera para el dueño y su familia.

CARACTERÍSTICAS PERSONALES DEL HOMBRE DE EMPRESA

Mucho se ha escrito, e innumerables son los estudios realizados que intentan identificar aquellas características que son comunes entre los hombres de empresa que han triunfado. Entre las que podemos identificar tenemos las siguientes:

1. Actitud individualista.
2. Visión panorámica de los objetivos y como llegar a ellos.
3. Agresividad y tenacidad en la prosecución y obtención de objetivos.
4. Expectación de obtener resultados rápidamente y en una forma concreta.
5. Tendencias empresariales visibles en el carácter en muy temprana edad.
6. El hombre de empresa, en contra de lo que la mayoría cree, asume riesgos solamente en forma moderada.
7. Cuida celosamente de su tiempo.

Actitud individualista

El hombre de empresa generalmente no acepta el liderazgo y supervisión de otro. Le es imposible trabajar y desenvolverse dentro de un patrón de conducta establecido por un superior. Disfruta enormemente del sentido de independencia que el ser dueño de su propia empresa le imprime a su propio ánimo.

Visión panorámica de los objetivos y como llegar a ellos

Los dueños y gerentes de pequeños negocios tienen un fuerte sentido de empresa que les da a ellos la oportunidad de usar capacidades y dotes de gestión a plenitud.

El hombre de empresa encuentra plena satisfacción en el planear, organizar y dirigir una empresa. El poder concebir nuevas ideas, desarrollarlas y llevarlas a cabo dentro del tiempo y con los recursos previamente asignados es característica de aquellos empresarios que saben dónde se encuentran y en qué dirección debe de moverse la empresa.

El empresario triunfador es aquél que no tiene reparos en trabajar largas y numerosas horas hasta obtener el objetivo que se ha señalado.

Agresividad y tenacidad en la prosecución y obtención de objetivos

Son la agresividad y tenacidad dos características personales que a menudo encontramos en el hombre de empresa triunfador.

Debido a los múltiples problemas que enfrenta el dueño de una empresa pequeña, el triunfo económico muchas veces tarda en venir. Es usualmente difícil en la mayoría de los casos alcanzarlo y siempre requiere grandes sacrificios. Es aquí donde la tenacidad, persistencia u obstinación en alcanzar los objetivos programados separa los empresarios vacilantes y tímidos de aquellos que a la larga pagan el precio requerido y obtienen el triunfo.

La agresividad en la conducción de empresas implica la disposición de aceptar riesgos, y de que, una vez identificada la oportunidad, ésta sea aprovechada a plenitud por una actitud acometedora. Esta característica no es solamente aplicada por el hombre de empresa en relación al mercado externo, sino también en la conducción de los asuntos internos de la firma en áreas tales como finanzas, personal, toma de decisiones y otros.

Obtención de resultados en forma rápida y concreta

Es característica del hombre de empresa esperar obtener resultados rápidos y concretos de toda inversión, ya sea hecha ésta en tiempo o en dinero.

Típicamente el hombre que maneja una empresa pequeña aspira a recobrar la inversión de capital en un tiempo relativamente corto. Usualmente desdeña la planificación a largo plazo como la empleada en las empresas de mucho mayor tamaño.

Esta tendencia a aspirar resultados rápidos y concretos puede a la larga ser peligrosa para la supervivencia de la firma. Hay empresarios que en el deseo de obtener utilidades altas en un año sacrifican posibilidades y oportunidades futuras. En otras ocasiones, al tener que seleccionar entre alternativas posibles se escoge aquélla que permite la recuperación del capital invertido más rápidamente sin tenerse en cuenta que la alternativa que no se escogió puede generar un mayor volumen de ganancias a largo plazo.

El empresario asume por lo general riesgos moderados

Contrariamente a lo que muchas personas creen, el empresario no corre usualmente riesgos altos. Generalmente escoge riesgos razonables y moderados. Esto es resultado del establecimiento de objetivos realistas y alcanzables.

El empresario corre cierto riesgo, pero siempre teniendo en consideración las consecuencias de un fallo o lo que pasaría si no se alcanza el objetivo previamente seleccionado.

Las tendencias empresariales afloran a muy temprana edad

Las características empresariales hacen su aparición desde muy temprana edad en el individuo que llega a ser empresario.

Estas se pueden observar en el terreno deportivo donde la agresividad, tenacidad y ánimo de victoria son desplegados, así como en el hogar y la escuela, donde la organización, inteligencia, rebeldía y el deseo de sobresalir identifican a aquellos jóvenes que en el futuro, desplegando estas mismas características, escogen el camino de empresarios.

Cuida celosamente su tiempo

Uno de los problemas que usualmente afecta al hombre o mujer que maneja una empresa pequeña es la falta de tiempo. Es usual que en el diario bregar, el dueño de la empresa se vea envuelto en labores que el "cree" que son vitales y le toman todo el tiempo, cuando en realidad son labores de carácter repetitivas que bien pudieran ser delegadas, dejándole más tiempo a él para las funciones verdaderamente importantes tales como la de la determinación del rumbo en que la firma ha de dirigirse.

A la larga, el empresario se da cuenta de la importancia de establecer prioridades y comienza a racionar el tiempo en una forma que le permite disponer de más tiempo para aquellos asuntos de mayor importancia.

El resultado es que el empresario se torna extremadamente celoso de su propio tiempo y como éste ha de ser empleado.

AUTOANÁLISIS NECESARIO ANTES DE TOMAR LA DECISIÓN DE CREAR UN NEGOCIO

En las secciones anteriores hemos tratado de identificar algunas de las características que son usualmente encontradas en aquellos hombres de empresa que han triunfado. Es de presumir que el lector ya haya realizado una comparación mental de dichas características con las que él cree poseer. De esta comparación bien pudiera surgir una decisión de larga y vital significación. Sin embargo, la cuestión va más allá del tratar de identificar características más o menos superficiales. Es necesario proceder a la realización de un autoanálisis profundo que nos permita reconocer y evaluar la actitud socio-psicológica que poseemos en relación a la vida. Hace ya mucho que los biólogos han observado que existe entre la población de la mayoría de las especies animales ciertos individuos que sobresalen y dominan a los otros de la misma especie. Estos se les han llamado ALFA. Los Alfa están caracterizados por su agresividad y comportamiento dominante. A la larga los Alfas terminan obteniendo la mejor comida, el consorte de más atracción física, y el mejor y mayor territorio.

A los Alfa le siguen los BETA. Se caracterizan los Betas también por el ánimo de competencia e intento de dominar, pero desafortunadamente para ellos carecen de aquel factor de agresividad necesario para llegar a ser un Alfa. Consecuentemente vemos que a la larga los Betas llegan a ser dominados por los Alfas.

Los biólogos han identificado un tercer grupo que han llamado OMEGAS. Estos carecen totalmente de voluntad, carecen del deseo de competir y aceptan lo que la vida les depare.

Las tres categoría que hemos mencionado son encontradas en la mayoría de las especies de animales que puebla el planeta y el "homo-sapiens" no es una excepción. No se sabe exactamente qué es lo que hace que surja un Alfa o un Beta. Lo que si se ha hecho es reconocer algunas de las características que identifican al Alfa. Estas son: agresividad, vitalidad, coraje, energía, confianza en sí mismo y ambición. Características estas que son necesarias en el hombre o mujer que aspira a dirigir y manejar una empresa.

Es por esto que aquél que aspire a establecer una empresa debe de analizarse a sí mismo, observar su trayectoria pasada y evaluar concienzudamente su personalidad. Una vez hecho esto, si usted cree que es un Alfa, proceda a establecer su empresa. Lo más probable es que triunfará.

Por otro lado si usted cree que es un Beta o un Omega, piénselo dos veces.

No queremos terminar el capítulo sin dejar de hacer énfasis en que el lector deberá de tener en cuenta que no solamente son los factores biológicos y psicológicos los determinantes del triunfo sino que los factores ambientales también pueden llegar a ser decisivos.

SUMARIO

1. El trabajar para una empresa conlleva una serie de ventajas, alguna de las cuales como el de menos horas de trabajo, relativa seguridad, adquirir experiencia y el no tener que arriesgar los recursos personales, en muchas ocasiones ofrecen un atractivo tal que desalienta al empresario potencial de iniciar su propio negocio.

2. Las ganancias limitadas, la subordinación a que hay que estar sometido y la falta de iniciativa propia, son factores adversos a la permanencia en posición de asalariado.

3. El sentimiento de independencia, el deseo de poder y las ansias de ganar dinero son algunas de las ventajas y riesgos que corre aquél que establece una empresa.

4. Estudios realizados han llevado a la conclusión de que aquellos hombres de empresa que han triunfado, poseen una serie de características comunes de carácter personal.

5. Es de vital importancia que antes de iniciar el establecimiento de una empresa que el dueño potencial se haga un autoanálisis que le permita determinar si efectivamente dispone de la adecuada actitud socio-psicológica ante la vida que le permita triunfar en una actividad altamente competitiva.

Preguntas de repaso

1. ¿Cuáles son las ventajas específicas de un empleo asalariado?

2. ¿Cuáles son los factores que desalientan la permanencia en una posición de asalariado?

3. ¿Es el riesgo financiero una ventaja o una desventaja en el establecimiento de una pequeña empresa?

4. ¿Por qué es el sentimiento de independencia uno de los motivos de más importancia para establecer uno su propio negocio?

5. ¿Cuáles son algunas de las características personales que se debe tener para triunfar en un pequeño negocio?

6. ¿Por qué es importante un autoanálisis antes de emprender un negocio?

BIBLIOGRAFÍA

CAPÍTULO 2

Baumback, Clifford M., Joseph R. Mancuso. *Entrepreneurship and Venture Management*. Englewod Cliffs: Prentice-Hall Inc., 1975.

Frantz, Forrest H. *Successful Small Business Management*. Englewood Cliffs: Prentice-Hall Inc., 1978

Frost, Ted S. *Where have all the Wooly Mammoths Gone?* West Nyack: Parker Publishing Co. Inc., 1976.

Harmon, Paul. *Small Business Management a Practical Approach*. New York: D. Van Nostrand Company, 1979.

Klatt, Lawrence A. *Managing the Dynamic Small Firm: Readings*. Belmont: Wadsworth Publishing Co., 1971.

CAPÍTULO III

OBJETIVOS Y ESTRATEGIAS A EMPLEAR
EN LA PEQUEÑA EMPRESA

Toda pequeña empresa, desde el mismo momento que abre sus puertas, estará sometida a presiones exteriores derivadas del mercado que sirve y el ambiente donde se desenvuelve, y presiones internas originadas por factores endógenos.

Una organización efectiva y eficiente de la empresa requiere que se tengan en consideración dichas presiones y aquellos cambios que fatalmente sobrevienen, unos debidos al crecimiento de la firma, otros a imitaciones en el mercado, etc.

Si la estructura de la firma no es lo suficientemente flexible para adaptarse al nuevo ambiente, el cambio le será impuesto a ella por factores externos. Es por eso que la estructura de la empresa y los objetivos que ella trata de alcanzar deberán ser objeto de una detallada planificación teniendo en cuenta el futuro previsible.

Es de vital importancia que el dueño de la firma identifique a plenitud y con completa claridad las metas a las cuales se dirige la empresa.

Este capítulo estudiará cómo se hará la determinación de los objetivos y metas que toda empresa deberá tratar de alcanzar si es que aspira a sobrevivir. Entre los posibles objetivos a escoger veremos que hay algunos con carácter netamente social y otros que son únicamente de carácter económico y financiero.

Determinación de los objetivos y metas de la firma

En el caso de una firma pequeña los objetivos y metas que ésta trata de alcanzar son inseparables de los objetivos y metas del dueño de la empresa. Es por eso que debemos iniciar el estudio de esta sección analizando los objetivos personales del dueño, cosa que a la larga determinan la orientación de la firma.

El hombre de empresa trata de utilizar la firma como vehículo a través del cual satisfacer sus necesidades personales. Muchos esfuerzos han sido realizados por escritores en el área de administración y de gestión tratando de presentar una clasificación que pueda explicar lo que son las necesidades humanas. Uno de los que ha logrado concebir una clasificación que es ampliamente reconocida en el campo de la gestión es el psicólogo Abraham Maslow. Dice Maslow que las necesidades humanas pueden ser agrupadas todas juntas en orden ascendente o en una jerarquía de abajo a arriba. Entiende Maslow que el carácter humano es tal que una vez que una necesidad es satisfecha la que le sigue empieza a influenciar el carácter y el comportamiento del individuo. Douglas McGregor modificó la clasificación original de Maslow y la presenta en la siguiente forma:

1. Necesidades fisiológicas
2. Necesidades de seguridad
3. Necesidades de carácter social
4. Respeto propio
5. Satisfacción plena

Las necesidades fisiológicas son las elementales que todo hombre o individuo debe satisfacer si ha de sobrevivir en la sociedad. Como necesidades fisiológicas que tienen que ser satisfechas podemos identificar: comida, techo y ropa.

Las necesidades de seguridad vienen en segundo plano y como su nombre lo indica se refieren a la protección y salvaguardia de la integridad física de la persona.

La tercera necesidad en jerarquía es la de carácter social. Entiende Maslow que el hombre es un animal social el cual desea entrar en sociedad con otros de su misma especie, ya que necesita ser aceptado por sus iguales.

El cuarto grupo de necesidades son aquéllas que están relacionadas con el "ego" de la persona que siente necesidad de ser respetada y reconocida por otros y al mismo tiempo respetarse a si mismo, autoestimación.

Por último el más alto escalón en la jerarquía de Maslow identifica aquel grupo de necesidades que representan el máximo de potencial a que puede llegar una persona hasta sentirse satisfecha consigo mismo.

Otro psicólogo Frederick Herzberg identificó dos grupo de factores que afectan toda situación de trabajo.

El primer grupo de factores fueron llamados "factores higiénicos" los cuales no motivaban al trabajador a producir ni más ni mejor, pero sí mantenían un ambiente de buenas relaciones de trabajo dentro de la firma. Estos factores son los que siguen:

1. Supervisión.
2. Política administrativa de la empresa.
3. Beneficios de empleo.
4. Condiciones de trabajo.
5. Salario.
6. Relaciones con otros dentro del empleo.

La otra serie de factores que sí son considerados que estimulan y motivan a los trabajadores a realizar un mejor trabajo son:

1. Reconocimiento por parte de los superiores de la labor realizada.
2. Satisfacción personal de alcanzar los objetivos previamente señalados.
3. Ascensión de responsabilidades en el trabajo.
4. Ejecución de una labor creativa y estimulante.
5. Obtención de promociones dentro del trabajo.

Esta teoría de Herzberg basada en dos grupos de factores tiene implicaciones profundas en cuanto a la función de gestión dentro de la empresa. Por primera vez se rompe el binomio satisfacción-insatisfacción en cuanto al sentimiento del empleado en relación al ambiente dentro del cual desarrolla su labor. Según Herzberg lo opuesto a satisfacción es *no* satisfacción, y lo opuesto a insatisfacción es *no* insatisfacción. La existencia del primer grupo de factores, aquellos llamados "higiénicos" permiten el que en una empresa no exista insatisfacción, pero es requerido que también concurra el grupo de factores llamados "motivantes" para que exista satisfacción en la realización del trabajo.

Íntimamente relacionado a lo anterior está aquel grupo de presunciones relativas al comportamiento humano que el dueño de la firma tiene en relación a sus empleados. Douglas McGregor ha llegado a la conclusión de que dos presunciones básicas pueden ser hechas con relación al comportamiento humano. McGregor ha desarrollado una teoría que él llama X dentro de la cual se presupone que el humano es vago, reacio al trabajo, que no le gusta asumir responsabilidades y que requiere ser sometido a coerción para poder obtener de él algún tipo de productividad. La contrapartida a la Teoría X es la Teoría Y también expuesta por McGregor. Aquí se presume que el humano acepta el tener que trabajar como algo normal, que inclusive está consciente de la necesidad de trabajar, que acepta gratamente el tener que asumir responsabilidades y, por último, que no tiene que ser sometido a coerción para obtenerse una adecuada productividad de él.

Es obvio que un dueño de empresa que tome decisiones relativas al personal teniendo en cuenta una u otra teoría afectará inevitablemente tanto sus relaciones con él mismo como las posibilidades de alcanzar los objetivos de la empresa.

Estos objetivos que la empresa se impone a sí misma alcanzar están íntimamente ligados a la misión que la firma cumple en el mercado que sirve. Para que una firma triunfe en dicho mercado será necesario que ella aporte un producto o preste un servicio especial único. Ha de ser la responsabilidad del dueño el desarrollar una estrategia que como ha indicado el gran experto en administración Peter F. Drucker, conlleve a la firma a encontrar su "nicho ecológico" desde el cual pueda operar ventajosamente, así como hacerle frente en una forma satisfactoria a la competencia.

El reconocimiento de la misión que la firma puede cumplir en el mercado será producto de un análisis detallado realizado por el dueño de la empresa teniendo en cuenta los recursos económicos y humanos que tiene a su disposición. Parte vital del análisis consistirá en distinguir y aceptar en forma realista las limitaciones de carácter personal que el empresario tenga. Asimismo, deberá ser parte principalísima de la estrategia de la firma el maximizar aquellas características personales del empresario, tales como experiencia pasada, destreza en algún oficio o contactos de carácter personal. Entre los múltiples objetivos que la firma pudiera escoger como meta están el de servicio social, utilidad neta, incremento en tamaño de la empresa.

Servicio social como meta

Es importante que el lector tenga un sentido cabal de la función social que la empresa realiza: La existencia de la empresa se debe a que la sociedad permite que ella funcione. Mientras que la firma continúe satisfaciendo las necesidades de la sociedad dentro de la cual opera y lo haga en una forma satisfactoria continuará operando y obteniendo utilidades, ya que dentro del sistema capitalista o de libre empresa es aceptable el hecho de que una firma produzca utilidades o ganancias para sus dueños. Más aún, en el sistema de libre empresa, la obtención de ganancias por parte de la empresa se considera que está en el interés público, ya que una firma privada no podría operar permanentemente sin generar utilidades.

Sin embargo, inclusive en el sistema de libre empresa el objetivo primario de la firma es prestar un servicio a la sociedad, ya produciendo bienes o servicios que son vendidos a la sociedad y que a su vez generan una justa utilidad a la empresa. El hombre de empresa debe ver la utilidad como consecuencia del servicio que presta, y nunca al revés.

Utilidad neta como meta

Es la utilidad neta como meta uno de los objetivos menos comprendidos por el público en general. Debe considerarse la utilidad como la recompensa lógica al riesgo corrido por el empresario. Al mismo tiempo, debe comprenderse que la utilidad, producto de las operaciones, es la única fuente de donde salen los recursos para crear más trabajos, ampliarse las instalaciones de la empresa y desarrollar nuevos productos o servicios. La utilidad de por sí es casi siempre un por ciento muy pequeño de los ingresos totales de la firma; en realidad, es el producto residual que le queda a la empresa después de cubrir los costos de los bienes vendidos o producidos y los gastos operacionales. En el sistema capitalista de libre empresa es requisito sine qua non que la empresa privada produzca utilidades en una forma consistente y continua, si ella ha de sobrevivir.

En la sección anterior indicamos que la utilidad debía ser "justa" y adecuada siempre teniendo en cuenta la función social y el servicio que la empresa presta a la sociedad.

Incremento de tamaño como meta

Durante los últimos años la teoría de que un negocio tenía que crecer o a la larga desaparecer ha sido sometida a un intenso debate. No hay dudas que algunos empresarios miran a la empresa con un sentido altamente conservador donde el status quo es el objetivo que se desea. En este caso el crecimiento en términos de producción, ingresos netos o expansión no son los objetivos o metas que se buscan. Una firma que haya encontrado su "nicho" dentro del mercado que sirve, muy bien pudiera no aspirar a una porción mayor de dicho mercado del que ya tiene, tal vez por miedo a la posible riposta de parte de la competencia o simplemente porque el empresario se siente satisfecho de las ganancias que el negocio ya genera.

Sin embargo, en una economía que se está expandiendo, el crecimiento es algo normal en la firma que forma parte de dicho mercado. Es indudable que aquel empresario que es acometedor y persistente no aceptará el status quo sino que luchará por expandir la empresa dentro de los límites de sus recursos tanto humanos como económicos.

Estrategia a seguir para alcanzar dichos objetivos

Uno de los primeros actos que el empresario o dueño de una pequeña empresa debe realizar es el de preparar un plan operacional a largo plazo teniendo en cuenta cuáles son los objetivos a obtener. Este plan maestro en realidad debe ser iniciado antes de que la firma sea establecida. Es muy desafortunado que la amplia mayoría de las empresas pequeñas carezcan de un plan operacional. El resultado en muchos casos es el fracaso de la empresa o la pérdida de oportunidades.

A la hora de preparar el plan debe el empresario reconocer la diferencia entre objetivos que son alcanzables con los recursos que tiene a mano o pueda adquirir en el futuro inmediato y aquellos objetivos que no son más que un sueño y son imposibles de alcanzar. En dos palabras, el dueño tiene que ser altamente realista de lo que puede y no puede lograr.

La preparación del plan es parte ciencia y parte arte. El plan es un intento de anticipar el futuro a los efectos de alcanzar metas preestablecidas con un mínimo de costo y riesgo. Esto requiere el reconocimiento e identificación de problemas potenciales que pudieran surgir en el futuro. Es de mucha importancia que este reconocimiento de la posible existencia de situaciones adversas ocurra en la etapa inicial del proceso de planificación a los efectos de que medidas preventivas puedan ser desarrolladas con adecuada anticipación.

Como es posible que sean varias las metas a lograr, será necesario que se planifique la integración de dichos objetivos y se establezcan prioridades y se determinen los estándares de ejecución que sean aceptables. A estos efectos será imperativo tener a mano la información necesaria para la misión que se intenta cumplir, un criterio adecuado para evaluar la ejecución del plan, designación de las personas responsables en llevar a cabo el plan y los límites de tiempo dentro del cual el plan debe de ser realizado.

El factor vital que afecta la eficacia de todo plan es el grado de eficiencia de los pronósticos que se hagan. La calidad de los resultados asociados con el plan están inversamente relacionado con el grado de incertidumbre bajo el cual se opera.

Sin embargo, debe de reconocerse que la incertidumbre también afecta a la competencia del pequeño empresario y es por eso que un empresario audaz, agresivo y que sepa planear cuidadosamente se encontrará que tiene una gran ventaja sobre sus competidores.

Resumiendo, podemos decir que algún tipo de planificación formal no puede menos que redundar en forma beneficiosa en cualquier organización que la practique, independientemente del tamaño que ésta tenga, o de las incertidumbres a que haga frente. Los beneficios mayores serían los siguientes: Primeramente, al formalizar la responsabilidad de planificación se fuerza al dueño a mirar y analizar el futuro, segundo, la planificación resulta en la creación de ciertas expectativas que son los mejores estándares que el empresario puede emplear posteriormente para juzgar la actuación de la firma y, por último, la planificación ayuda al empresario a coordinar todos sus esfuerzos, de manera que los objetivos de la organización en general estén en armonía con los objetivos de sus partes.

Responsabilidad social de la firma

En una sección anterior indicamos que la existencia de la empresa era debido a que la sociedad dentro de la cual ésta opera le permite que funcione siempre y cuando la empresa satisfaga las necesidades de dicha sociedad.

El modelo clásico capitalista de libre empresa ha ido evolucionando en una forma tal que actualmente la empresa privada acepta el control que el gobierno a través de leyes y regulaciones ejerce sobre ella. El mercado continúa siendo el mecanismo competitivo por excelencia, pero existe pleno reconocimiento de la importancia del papel social que la firma debe de jugar dentro del mercado.

Algo que ha influenciado grandemente la forma actual de hacer negocios es la progresiva profesionalización de los cuadros directivos de empresas grandes y pequeñas. Poco a poco los graduados de escuelas de administración han ido asumiendo más y más responsabilidades, y al mismo tiempo, han ido trayendo y aplicando en dichas empresas métodos y procedimientos aprendidos en escuelas de comercio y universidades. Era inevitable que nuevas normas de comportamiento fuesen también incorporadas a la hora de tomar decisiones.

SUMARIO

1. A los efectos de la más eficiente operación de la firma, es de vital importancia que el dueño de ésta identifique a plenitud y con completa claridad las metas a las cuales se dirige la empresa.

2. En una firma pequeña los objetivos personales del dueño son inseparables de los objetivos de la firma ya que éste ve a la firma como el vehículo a través del cual satisfacer sus metas personales.

3. Es importante identificar las necesidades humanas a los efectos de poder clasificarlas en un orden jerárquico o de importancia.

4. Abraham Maslow concibe una clasificación que es ampliamente reconocida en el campo de la gestión y que consta de cinco categorías de necesidades las cuales son en orden ascendente necesidades fisiológicas, de seguridad, de carácter social, de respeto propio y de satisfacción plena.

5. Frederick Herzberg identificó dos grupos de factores que afectan toda situación de trabajo, en la siguiente forma: el primer grupo de factores llamados higiénicos, y el segundo aquellos que motivan y estimulan a los trabajadores.

6. Entre los objetivos que se puede asignar una firma están aquellos de carácter social, utilidad neta o incremento en tamaño de la empresa.

7. La estrategia a seguir para alcanzar los objetivos de la firma tiene que estar basada en una cuidadosa planificación que tenga en cuenta los recursos de la empresa y el grado de incertidumbre existente en cuanto al futuro.

8. La empresa moderna debe tener en cuenta la función social que cumple dentro del mercado.

Preguntas de repaso

1. ¿Qué ventajas conlleva la planificación a largo plazo?

2. ¿Cuáles son algunos de los principales objetivos que actúan como motivadores entre los empresarios?

3. ¿Cuáles serían los objetivos suyos en una empresa propia?

4. ¿El típico hombre de empresa sigue la Teoría X o la Teoría Y?

5. ¿Qué queremos decir con planificación estratégica?

6. Explique la Teoría de Herzberg. ¿Qué usted opina de ella?

BIBLIOGRAFÍA

CAPÍTULO 3

Drucker, Peter F. *"Business Objectives and Survival Needs." Journal of Business,* XXXI (Abril, 1958).

Herzberg, Frederick, Bernard Mausner y B. Snydeman. *The Motivation to Work.* 2da. ed. New York: John Wiley & Sons, Inc., 1959.

Herzberg, Frederick. *Work and the Nature of Man.* Cleveland: World Publishing Company, 1966.

Maslow, A. H. "A Theory of Human Motivation". *Psychological Review.* Vol L (Julio 1943).

McGregor, Douglas. *The Human Side of Enterprise.* New York: McGraw-Hill Book Company, 1960.

Sisk, Henry L., Mario Sverdlik, *Administración y gerencia de empresas.* Cincinnati: South-Western Publishing Co., 1976.

Steinhoff, Dan. *Small Business Management Fundamentals.* New York: McGraw-Hill Book Company, 1974.

Las desventajas tecnológicas de las pequeñas y medianas empresas se hallan entre los elementos determinantes de la permanencia de la brecha tecnológica que separa a los países latinoamericanos de los países industrializados.

La empresa latinoamericana también debe afrontar con creciente frecuencia las decisiones sobre tecnología y ha de mantener en operación continua servicios internos de carácter tecnológico, de información, ensayos, controles de especificaciones y calidad, estudios, etc.

Elegir inteligentemente entre distintas alternativas disponibles aquellas que más se adaptan a las condiciones locales, presupone un sólido conocimiento tecnológico propio.

Reproducido de **Ciencia Interamericana** *(1978 Vol. 19, No. 2), publicado por el Departamento de Asuntos Científicos de la Organización de los Estados Americanos, Washington, D.C. 20006 (EUA).*

CAPÍTULO IV

FRACASO DE LA PEQUEÑA EMPRESA.
CAUSA Y PREVENCIÓN

Uno de los más trágicos eventos que le puede ocurrir al empresario es que la firma que él dirige llegue a fracasar. El fracaso no solamente representa una pérdida y, en su caso, la ruina del empresario, sino que le produce una lesión socio-económica de vastas e incalculables repercusiones a la sociedad, desempleo, cese de una fuente de contribución fiscal, bien de carácter federal, estatal o municipal. Por último, el impacto psicológico que esta derrota implica para el empresario bien pudiera permanentemente disuadirle de volver a comenzar.

Debemos de reconocer que la posibilidad del fracaso está siempre presente en todo tipo de empresa; pero es en la empresa pequeña, debido a lo limitado de los recursos conque ésta opera, donde el índice de los fracasos es más pronunciado. Es por eso que tal vez sea éste uno de los capítulos más importantes del libro, ya que le permitirá al lector observar lo siguiente:

1. Identificar las causas posibles de los fracasos.
2. Apreciar los síntomas iniciales que usualmente preceden al fracaso.
3. Familiarizarse con algunas medidas correctivas que, empleadas a tiempo, en muchos casos, impiden o posponen el fracaso de una empresa.

Antes de entrar de lleno a analizar lo expuesto anteriormente debemos reconocer que existen dos tipos de "fracasos". El primero es aquél que finalmente es resuelto ante los tribunales debido a la incapacidad de la firma de poder pagarles a sus acreedores. Este tipo de fracaso bien pudiera ser llamado "fracaso formal".

El otro tipo de fracaso es menos notable, ya que nunca llega a los tribunales ni aparece en las secciones financieras o legales de los periódicos. Se trata de aquellos casos en que individuos que han invertido todos sus ahorros ven cómo las pérdidas contínuas de años tras años hacen desaparecer el capital invertido. En estos casos no existen acreedores o, si existen, el dueño de la empresa absorbe las pérdidas y paga cualquier pasivo existente. La empresa al final cesa sus operaciones o es vendida. Este segundo tipo es el que es mucho más frecuente.

El lector debe comprender que en ambos tipos de fracasos el resultado para el empresario será el mismo, ruina económica y desajuste emocional.

Causas del fracaso de una firma

La literatura relativa a la administración de negocios es pródiga en estudios e investigaciones que intentan identificar y posteriormente clasificar las causas específicas por las cuales las empresas pequeñas fracasan. Es así como vemos que James C. Worthy escribe en *Advanced Management* un artículo titulado "¿Quién fracasa y por qué?" donde identifica las siguientes causas: a) el hombre que no reconoce la naturaleza peculiar de su especialidad y no le hace frente a la necesaria sucesión una vez que llega el inevitable momento de su decadencia y retiro; b) el caso de negocios familiares en los cuales el padre no delega en sus hijos una vez que ellos están en posición de asumir el liderazgo; c) el mito de que uno es indispensable; d) el usar el pasado como prólogo del futuro; e) falta de capital y, finalmente f) la no aplicación por parte de la gerencia de las disciplinas básicas relativas a la planificación, presupuestos, control y replanificación.

Otros estudios y artículos de Basil, Christensen, Jones, Kaplan, Lowler, Maceís Vatter y Woodruff presentan como denominador común en la causa de los fracasos la falta de experiencia y conocimiento del empresario. Este punto de vista es mantenido en trabajos más recientes de Charlesworth, Kuehn, Steiner, Gold, Burlingame, House y McIntyre. Por ejemplo, Charlesworth pone un énfasis especial en el futuro de la pequeña empresa y en la necesidad no de capital adicional, sino en la de asistencia y asesoramiento técnico por parte del gobierno a través de agencias especializadas. Steiner hace énfasis en la necesidad de planificar a largo plazo en el caso de las firmas y ofrece una serie de ideas de cómo esta función puede ser mejor llevada a cabo en la pequeña firma. Burlingame mira a las firmas que han triunfado e intenta extraer a través de sus observaciones aquellas características que raramente son encontradas en las firmas que no triunfan.

En un estudio publicado en 1961 por la Administración de Pequeños Negocios realizado por Kurt B. Mayer y Sidney Goldstein del Departamento de Sociología y Antropología de Brown University, se trató de las causas del fracaso de una serie de empresas pequeñas durante los primeros dos años de operación. Se identificaron las siguientes causas como responsables del fracaso de las empresas: capital inadecuado, exceso de deudas, mala selección del lugar donde se situó la empresa, el no tener en cuenta la competencia, política de mercadeo inepta, política de crédito errónea y errores de organización.

Como habrá observado el lector innumerables son las posibles causas a que se le atribuye el fracaso de las empresas. No creo que sea una en particular la principal causante, lo que sucede es que en la amplia mayoría de los casos son varias causas las que se combinan haciendo imposible la continuada existencia de la firma.

Después de haber asesorado un número substancial de empresas, varias de las cuales estaban al borde de la quiebra, es el punto de vista del autor que las siguientes son las causas principales que a la larga originan el fracaso.

1. Falta de experiencia e incapacidad por parte del dueño.

2. Insuficiente capital.

3. Falta de libros adecuados de contabilidad.

4. Mala administración de los inventarios.

5. Mala administración de las cuentas a cobrar.

6. Mala selección del lugar donde se sitúa la empresa.

Antes de pasar a discutir a fondo cada una de las causas mencionadas, es importante que el lector comprenda que pueden existir otros factores que afectan la existencia de la firma, pero que si se analizan a fondo usualmente pueden ser considerados como parte o complemento de las razones expuestas anteriormente. Así vemos por ejemplo que el no poder aprovechar determinadas oportunidades tales como grandes descuentos de precio en cierta mercancía es, en la mayoría de los casos debido a la falta de liquidez, lo que en última instancia tiene que ser atribuido a la falta de capital. También vemos que un mal servicio o un producto inferior es en realidad reflejo de la falta de experiencia y capacidad del dueño. Y es precisamente falta de experiencia e incapacidad por parte del empresario la primera causa que vamos a discutir en detalle.

Falta de experiencia y capacidad del dueño

En la mayoría de los casos, el fracaso final de la empresa puede ser finalmente atribuido a una serie de factores tales como deficiencia del propio dueño, expresada ésta en falta de conocimiento técnico, defectos de la personalidad y ausencia de una suficiente perseverancia una vez que comienzan las dificultades. Algunos empresarios carecen del más elemental conocimiento técnico necesario para operar la firma. Otros tienen el conocimiento técnico, pero carecen en absoluto de la personalidad que es requerida para poder tratar con los clientes o subordinados.

Falta de experiencia en el tipo de empresa que se aspira a poner forma parte de este complejo de causas que afectan la supervivencia de la empresa. Por experiencia no queremos decir que una persona haya pasado un mínimo número de años trabajando en una firma similar a la que planea establecer, el tiempo en sí no es importante, lo que es importante es lo que se ha aprendido.

Es un gran error creer que uno podrá aprender lo que no sabe en su propio negocio. Intentar hacerlo resulta costosísimo y, a la larga, siempre fatal. El autor cree que un mínimo de dos años deben de ser pasados en una empresa similar o parecida a la que se desea establecer. La experiencia adquirida debe ser en tres áreas básicas: la financiera, la de mercadotécnia y la de administración.

Una adecuada y bien balanceada experiencia en las tres áreas mencionadas — financiera, mercadotécnica y administración — garantizará que el empresario esté lo suficientemente preparado para hacerle frente a la multitud de problemas que surgirán en el futuro de la nueva empresa.

Capital insuficiente

Otro factor que usualmente está presente en el fracaso de la empresa es el capital insuficiente. En la mayoría de los casos podemos observar que si bien el dueño ha pensado durante años abrir la empresa y ha acumulado ciertos ahorros que finalmente invierte, son muy pocos los futuros empresarios que se toman el trabajo de explorar sistemáticamente tipos específicos de negocios y la cantidad de capital requerido para una operación satisfactoria de ellos.

La apertura de una nueva empresa ocurre en la mayoría de los casos cuando el dueño potencial percibe una oportunidad. Al ver que ésta existe el empresario se lanza con los recursos de que dispone sin saber con exactitud el capital necesario para el desarrollo adecuado de esa empresa.

Específicamente podemos ver que el error de una inadecuada capitalización puede resumirse en las siguientes categorías:

a) Empresarios que habiendo hecho una inversión inicial suficiente invierten la mayor parte de sus recursos líquidos en el momento de abrir la empresa y se quedan sin reservas para hacerle frente a los futuros gastos inmediatos.

b) Dependencia masiva en capital prestado para iniciar la empresa.

Estas dos situaciones son casi siempre funestas para la empresa, porque en el mejor de los casos, suponiendo que la firma comience a vender rápidamente su inventario inicial, éste tendrá que ser reemplazado para poderle hacer frente al aumento de ventas y reponer la mercancía vendida. De inmediato se requerirá una conversión del capital líquido de reserva en inventario y, a falta de capital líquido de reserva, infusión de capital externo nuevo que puede ser adquirido únicamente pidiendo dinero prestado. Un empresario que se encuentre en circunstancias difíciles y que no disponga de capital de reserva líquido y que ya haya consumido todas las oportunidades de pedir dinero prestado verá cómo rápidamente el impulso inicial que la empresa había generado empieza a disminuir. Si es una firma que vende al detalle, la falta de inventario disponible hará que el cliente que visite el establecimiento comercial salga de él sin haber hecho compra alguna, y si se trata de una empresa manufacturera la parálisis ocurrirá, ya por falta de materia prima o por la imposibilidad de hacerle frente a la planilla de nómina semanal.

Es de vital importancia que el lector se dé cuenta de que el problema de falta de liquidez se origina porque no existe una adecuada sincronización entre el efectivo que sale de la empresa en forma de ventas a plazos o a crédito y el que entra como resultado del cobro de las cuentas por cobrar. Usualmente existe un lapso de tiempo que varía según el tipo de empresa de que se trate entre el momento que la venta a plazos es hecha y el cobro por parte de la empresa de la cantidad adecuada. Durante ese período de tiempo, la empresa tiene que continuar cumpliendo con sus obligaciones de pago, tales como gastos de nómina, cuentas por pagar, impuestos, reemplazo de inventario, gastos generales, etc. Un empresario inteligente es aquél que le hace frente a esta situación tomando las siguientes medidas:

1ro. No invertir todo el capital en inventario y activos fijos. Mantener una parte substancial del capital en estado líquido, el cual progresivamente deberá ser inyectado a la empresa a medida que sea necesario.

2do. Nunca agotar inicialmente la totalidad del crédito disponible de la empresa, ya que siempre se debe de dejar un margen para ser utilizado cuando las circunstancias lo requieran.

No podemos dejar este tema sin volver a enfatizar que cuanto más vende una empresa, cuanto más rápidamente penetra en un mercado y más aceptación tienen sus productos, es precisamente cuando la empresa requiere más capital adicional.

Falta de libros adecuados de contabilidad

La existencia de libros adecuados de contabilidad facilitarán la acumulación, clasificación e interpretación de cierto tipo de información —información contable— que es absolutamente necesaria para el uso inteligente de los recursos de que una empresa dispone. Debido a que en una firma la mayoría de los recursos son medidos en términos de dinero, tenemos que el dinero sirve como denominador común para medir la labor diaria, las ventas, el material en bruto y hasta ciertos derechos que la firma o el empresario tienen sobre ciertos activos.

El empresario diariamente está tomando decisiones que afectan el futuro de la empresa, estas decisiones deben ser hechas basadas en informaciones contables que sean precisas, exactas, oportunas y pertinentes al problema que se trate. Desgraciadamente la calidad de la información contable de que una empresa dispone estará en función del sistema de contabilidad existente y la capacidad del contador.

No es el propósito de este capítulo el detallar el sistema "ideal" de contabilidad que se debe de disponer en la empresa, primero porque el sistema varía según las necesidades de cada firma y el tipo de información contable que se quiere generar y segundo, porque debe de ser un Contador Público Autorizado Titulado o Certificado el que después de estudiar la organización y sus recursos es el llamado a recomendar los libros que se deben de emplear.

No obstante lo expuesto arriba, quisiera brevemente hacer una breve relación de los libros que una empresa comercial o una manufacturera deben de emplear recordando siempre que debe haber previo asesoramiento por parte de un Contador Público cuando se va a determinar los libros que se van a emplear ya que estos tienen que ajustarse a la contabilidad que se vaya a establecer.

En caso de una empresa de ventas al detalle, uno de los sistemas más simples es el compuesto por los siguientes seis "libros":

Diario de Caja — en el cual sólo se anotan las transacciones que afectan Caja (Efectivo).

Diario de Compras — el cual muestra lo que se le adeuda a los acreedores por las compras de mercancías a crédito.

Diario de Ventas — es aquel libro especial en el que se anotan todas las ventas al crédito.

El Mayor General — es el libro de contabilidad que contiene todas las cuentas que se necesitan para preparar el estado de ingreso y el estado de situación.

El Registro de Nómina — es donde se resumen los detalles de la nómina semanal de cada empleado.

El Talonario de Cheques — el instrumento que se debe emplear para todo desembolso.

Los libros mencionados excepto la chequera pueden estar constituidos por hojas sueltas las cuales vienen en diferentes tipos.

En adición a los libros expresos arriba, pueden ser necesarios los siguientes formularios:

Informe diario de Ventas — Un sumario de las ventas hechas durante el día.

Informe de efectivo recibido — Un sumario del efectivo recibido durante el día.

Registro de ingresos del empleado — Es un formulario que muestra todos los detalles de lo que se le paga a una persona que trabaja para la empresa.

Comprobantes de Caja Chica — Es un formulario que provee la autorización escrita para una transacción comercial.

En casos de una empresa manufacturera, los libros a utilizar son básicamente los mismos con una excepción. El número y tipos de diarios y mayores dependerá primeramente del tipo y volumen de transacciones con los clientes y segundo del tipo y volumen de transferencia de costos que son necesarias debido a la técnica manufacturera empleada.

Registro de Comprobantes (Voucher) — Un formulario que indica (a) a quien se le paga (b) que se está pagando (c) la cantidad que se paga (d) la cuenta del Mayor General a debitarse (e) la firma de la persona que recibe el dinero y (f) la firma de la persona que hace el pago.

El Talonario de Cheques

El Diario de Caja

El Diario de Ventas

El Diario de Fábrica —— Registro de órdenes recibidas y en los cuales se está trabajando.

El Registro de Nómina.

El Mayor General.*

En adición al mayor, algunos libros auxiliares serán necesitados tales como en los casos de cuentas por cobrar, material en proceso y cuentas por pagar.

No queremos terminar esta sección sin dejar de insistir en que la razón de un sistema de libros de contabilidad es imprescindible para poder tener a mano una información de primera calidad que capacita al empresario para tomar decisiones correctas.

Mala administración de los inventarios

Uno de los errores de percepción que encontramos en relación a los inventarios es la constante preocupación por parte del dueño de si tiene muy poco o demasiado "stock" o existencias de mercancías, o inventario. En realidad lo que debe de preocupar al dueño de la pequeña empresa es si lo que tiene en existencia es adecuado.

Por un inventario adecuado nos referimos a un inventario que satisfaga al público consumidor. Específicamente el stock en existencia debe reflejar los gastos y necesidades del consumidor. Es por esto que un buen empresario es aquel que sabe aquilatar el mercado que sirve y ofrecerle los productos que más se venden.

Como quiera que los recursos con que se cuenta son limitados, el dueño tendrá como primera decisión la de escoger entre ofrecerle al público un amplio y variado stock de mercancía o uno menos variado; pero más especializado. Idealmente el inventario debía tener ambas características, pero solamente aquellas firmas muy grandes que disponen de grandes recursos son las que pueden ofrecer ambas características.

Un inventario que no refleja el gusto o las necesidades del mercado que se trata de penetrar es un inventario que no se venderá y que tendrá que ser rebajado de precio drásticamente con la resultante pérdida económica para la empresa. Demás está decir que representando el inventario una parte substancial de la inversión de capital, un error en su compra, posiblemente causará una pérdida de tal magnitud que en muchos casos la empresa no podrá recuperarse.

Otros aspectos de la correcta administración del inventario serán las medidas de seguridad de que éste dispone. Hay que asegurarse

---

* Para un mayor y más detallado análisis de libros y sistemas contables disponibles. véase *Contabilidad práctica del siglo XX.* Curso Elemental o Curso Avanzado, y libros de ejercicios, y *Contabilidad de Costos.* South-Western Publishing Co. Cincinnati, Ohio, U.S.A.

que el mismo esté protegido contra robos, deterioro y obsolescencia y que esté asegurado.

Mala administración de las cuentas por cobrar

La extensión de crédito por parte de la pequeña empresa a sus clientes es una de las razones que le permite a la firma atraer clientela adicional y mantenerse en operaciones.

El crédito forma parte de una serie de factores de promoción que la empresa utiliza para penetrar el mercado y mantenerse en forma satisfactoria dentro de él. Como quiera que la extensión de crédito es siempre peligrosa, dicho ofrecimiento debe hacerse bajo un control absoluto.

Desafortunadamente en numerosas ocasiones, el dueño de la firma, debido a la multitud de otras responsabilidades, no le presta la atención necesaria y comete dos tipos de errores muy comunes.

1ro. Le da crédito a quienes no califican.

2do. Da crédito excesivo a aquellas personas que califican para un crédito menor.

Tanto en el primero como en el segundo de los casos, las pérdidas de la empresa pueden llegar a ser grandes. La empresa puede llegar al borde de la quiebra si el efectivo representado por las cuentas por cobrar no llega a manos de ella.

Más adelante dedicaremos un capítulo al crédito y a las ventas a plazo donde detallaremos la forma correcta de ofrecer este servicio al público. El objetivo de esta sección es exponer el riesgo potencial que representa el ofrecer crédito en forma descontrolada y sin sentido de límite.

Mala ubicación de la empresa

Si el empresario no hace una evaluación objetiva del lugar donde planea establecer el negocio, es posible que cometa un error que en muchos casos es irreversible, ya que una vez que la firma está establecida, le será muy difícil cambiarla de lugar. Si el empresario por error selecciona un lugar que está en un área que está perdiendo población, decayendo económicamente o alejado del mercado que quiere servir, la firma estará condenada al fracaso de antemano o, en el mejor de los casos, a sobrevivir, siempre en un plano secundario. Esta situación también puede ocurrir si el tipo de firma es muy especializada o si el servicio o los artículos que vende ya están siendo adecuadamente suministrados por otra firma.

Síntomas que pronostican el posible fracaso de una firma

Al analizar las posibles áreas vitales de una empresa y tratar de identificar en ellas síntomas que nos pudieran indicar con suficiente antelación el posible fracaso, debemos tener cuidado de no confundir los síntomas con las causas que lo originan. El propósito de identificar los síntomas es el poder poner en acción con suficiente tiempo algún tipo de medida con vista a la causa directa, que evite, o por lo menos posponga, el fracaso de la empresa.

Tres aspectos deben de ser revisados en toda firma. La liquidez, la solvencia y la capacidad de la firma de realizar ingresos netos.

La capacidad que tiene una empresa en convertir sus activos en efectivo en un momento dado determina el grado de liquidez de ella. El mejor indicador del grado de liquidez de una empresa está dado por dos índice o razones contables que miden la liquidez. El primer índice o *razón* corriente, es el que compara el activo corriente (numerador) con el pasivo corriente (denominador). Si esta relación es de 2 a 1, se considera que es adecuada. La segunda razón es aquélla que se obtiene comparando ciertos activos corrientes tales como efectivo y cuentas por cobrar con el pasivo corriente. Esta razón es conocida como *prueba del ácido* y si la relación es de 1 a 1, se considera adecuada. Estas dos razones dan una idea de la situación real del capital de trabajo de la firma. El analista antes de llegar a una decisión deberá de estudiar y comparar ambas razones con la de una serie de períodos anteriores observando si estos índices están mejorando o deteriorándose. Un progresivo deterioro de las razones es una segura manifestación de un posible fracaso de la empresa porque lo expresado puede determinar una carencia de efectivo con que hacerle frente a los pagos de la empresa en el futuro.

Los síntomas de una inadecuada solvencia son también determinados al observarse las siguientes razones (índice):

1. Activo corriente a capital neto.
2. Pasivo total a capital neto.
3. Activos fijos a pasivos a largo plazo.

En los casos en que un análisis de estas razones indique un progresivo deterioro, éste será un síntoma que no deberá de dejarse de lado sino todo lo contrario ya que a la larga sobrevendrá la quiebra.

La capacidad de una firma de generar ingresos netos continuados es de vital importancia si la empresa ha de mantenerse en operaciones indefinidamente. En casos en que tanto el volumen de ventas y los ingresos netos* muestran un descenso continuado durante varios

---

* Ingresos netos. Cuando la cantidad de los ingresos es mayor que la de los gastos, la diferencia se llama *ingreso neto*.

períodos ello constituirá síntomas que no pueden ser ignorados ya que representan situaciones que a menos que sean corregidas llevarán la firma al fracaso.

Las causas de una disminución continuada en el volumen de venta pueden ser varias, pero usualmente son un reflejo de una política inadecuada de mercadotecnia y de un inventario que no refleja el tipo de mercancía deseada por la clientela.

La disminución en los ingresos netos usualmente se debe a un control pobre sobre gastos y a un margen de utilidad pobre en la mercancía vendida. Tampoco debemos de olvidar que tanto ventas pobres como utilidades pobres también pudieran deberse a una competencia agresiva o a un mercado difícil de penetrar.

Cómo evitar el fracaso

En la sección anterior identificamos algunos de los síntomas que nos permiten pronosticar el curso futuro descendente en la liquidez, solvencia y capacidad de la firma de generar ingresos netos. Ahora vamos a ofrecerle al lector un grupo de sugerencias que si son aplicadas a tiempo y en una forma acertada permitirán a la firma sobrevivir.

En casos de falta de liquidez, el empresario debe intentar rápidamente obtener capital líquido de la siguiente manera:

1. Buscar capital de inversión adicional.
2. Retener las utilidades producidas en el negocio.
3. Disminuir los inventarios.
4. Acelerar el cobro de las cuentas a cobrar.
5. Implantar una política de crédito más estricta.
6. Vender los activos fijos que no son necesarios en la operación del negocio.
7. Obtener préstamos bancarios.

En muchas situaciones, la falta de liquidez es algo transitorio y la aplicación de una o varias de las medidas sugeridas le permitirá a la firma salir airosa de la prueba.

La mejor manera de resolver casos en los que la falta de capital líquido es un problema para la firma es la de poder anticipar o prever dichas situaciones. El Estado de Flujo de Efectivo preparado con varios meses de anticipación le permitirá al dueño saber más o menos cuando es que se avecina la falta de efectivo. Dicho estado no es más que un estimado de la cantidad de efectivo que se espera que entre y del efectivo que se espera que salga en un período de tiempo.

Los problemas de disminución progresiva en las ventas y en los ingresos netos tienen que ser tratados individualmente. La disminución en las ventas se combate tomando las siguientes medidas:

1. Mejorando el servicio al cliente.
2. Llevando a cabo un estudio del mercado.
3. Mejorando la promoción de ventas por medio de una selección cuidadosa de los canales a través de los cuales se anuncia.
4. Desarrollar nuevos servicios y ofrecerle al público nueva mercancía.

La disminución de los ingresos netos requiere las siguientes medidas:

1. Análisis detallado de cada partida de gastos generales con la intención de eliminar aquellos que se puedan, y disminuir aquellos que son factibles de ser reducidos.
2. Revisión de los costos de produción o de mercancía.
3. Análisis de los gastos laborales.

Debe el lector darse cuenta de que no existen garantías de que aunque se tomen las medidas mencionadas las ventas aumentarán y los ingresos netos subirán, ya que son muchos los ejemplos de firmas que habiéndolo hecho fracasaron.

Factores que determinan el triunfo de una firma

Una vez estudiadas las posibles causas del fracaso, sus síntomas y las formas posibles de evitarlo vamos a terminar este capítulo enumerando algunos factores que contribuyen al triunfo de una empresa pequeña.

1. Experiencia y capacidad del dueño.
2. Capital suficiente.
3. Crédito disponible.
4. Buena ubicación de la firma.
5. Métodos de administración modernos que incluyen un buen sistema de libros de contabilidad .
6. Personal eficiente y cortés.
7. Adecuada cobertura contra ciertos riesgos.

SUMARIO

1. El fracaso de una empresa aparte de afectar psicológicamente al dueño y causar su ruina, representa una lesión socio-económica de vastas e incalculables repercusiones a la sociedad.

2. Existen dos tipos de fracasos; el primero es aquel que finalmente es resuelto ante los tribunales y que es más conocido como "fracaso formal", y el tipo de fracaso que siendo menos notable ya que no llega a los tribunales también resulta en el cese de operaciones de la empresa.

3. La literatura de administración de empresas es pródiga en estudios y teorías relativas a las causas del fracaso de empresas.

4. Entre las principales causas que originan el fracaso tenemos las siguientes: falta de experiencia y capacidad por parte del dueño, insuficiencia de capital, falta de libros adecuados de contabilidad, mala administración de las cuentas a cobrar, mala selección del lugar donde se sitúa la empresa.

5. Los síntomas que indican la posibilidad del fracaso de una firma están relacionados con tres aspectos importantes de la misma, liquidez, solvencia y capacidad de generar ingresos netos.

6. En relación a la liquidez, el deterioro progresivo de la razón corriente y del capital de trabajo es una indicación de que la firma en un futuro inmediato tendrá que hacer frente a una falta de efectivo.

7. En relación a la capacidad de generar ingresos netos; la disminución de ventas es un síntoma grave.

8. Cuando los índices o razones que miden el grado de endeudamiento de una empresa aumentan progresivamente, estos son síntomas de causas profundas que tienen que ser atendidas rápidamente, pues finalmente pueden originar el fracaso de la empresa.

9. Entre los factores que determinan el triunfo de una firma tenemos los siguientes: experiencia del dueño, ubicación correcta de la firma, capital suficiente, crédito disponible, métodos modernos de administración, personal eficiente y adecuado, cobertura contra riesgos.

Preguntas de repaso

1. ¿Cuáles son las partes afectadas en el fracaso de una empresa?

2. ¿Cuáles son los objetivos de este capítulo?

3. ¿Cuáles son las causas más comunes del fracaso de empresas?

4. ¿Cuántos tipos de fracasos hay?

5. ¿Cómo se puede remediar la falta de experiencia y competencia del dueño?

6. Cuando hablamos de que la experiencia debe de ser balanceada, ¿a qué nos referimos?

7. ¿Qué recomendaciones puede hacer en relación al capital requerido?

8. ¿Qué libros de contabilidad debe de usar una tienda de ventas al detalle?

9. ¿Qué problemas se presentan con los inventarios?

10. ¿Cuáles son los síntomas que tenemos que vigilar en relación a la liquidez de la firma?

11. ¿Cómo podemos resolver la falta de liquidez?

BIBLIOGRAFÍA

CAPÍTULO 4

Basil, Douglas C. *Organization in the Small Manufacturing Firm — an Analysis of the Theory of Organization by a Case Study.* Ph.D. dissertation at Northwestern University, 1954.

Boynton, Lewis D., Paul A. Carlson, Hamden L. Forkner, Robert M. Swanson. Trad. por Antonio de la Luz y Carmen I. Rodríguez de Roque. *Contabilidad práctica del siglo XX.* Curso elemental. Cincinnati: South-Western Publishing Co., 1974.

Boynton, Lewis D., Paul A. Carlson, Hamden L. Forkner, Robert M. Swanson. Trad. por Luis A. Berríos Burgos. *Contabilidad práctica del siglo XX.* Curso avanzado. Cincinnati: South-Western Publishing Co., 1974.

Burlingame, John F. "Successful Business and Good Managers". *Management Accounting.* (Mayo, 1971).

Charlesworth, Harold K. "The Uncertain Future of Small Business: Can This Picture be Changed?" *MSU Business Topic.* (Primavera, 1970).

Christensen, Roland. *Management Succession in Small and Growing Enterprises.* Andover: The Andover Press Ltd., 1953.

Golde, Roger A. *"Practical Planning for Small Business".* Harvard Business Review. (Julio, 1965).

House, Robert J., M. McIntyre. "Management Theory in Practice". *Advanced Management.* (Octubre, 1961).

Jones, Rudolph. *The Relative Position of Small Business in the American Economy since 1930.* Vol. 5. Washington, D.C.: The Catholic University of America Press, 1952.

Kaplan, A. D. H. Small business, its Place and Problems. New York: McGraw-Hill Book Co., Inc., 1948.

Kuehn, W. H. "The Pitfalls in Managing a Small Business". *Advanced Management.* (Abril, 1958).

Lawler, P. F. *Records of the Control of Growing Manufacturing Enterprises.* Harvard Graduate School of Business Administration, Division of Research, 1951.

Mace, Miles L. *The Board of Directors in Small Corporations.* Cambridge: Harvard University Printing Office, 1948.

Mayer, Kurt B., Sidney Goldstein. *The First Two Years: Problems of Small Firm Growth and Survival.* Small Business Research Series No. 2. Washington, D.C.: Government Printing Office, 1961.

Steines, George A. "Approaches to Long-Range Planning for Small Business". *California Management Review.* (Otoño, 1967).

Vatter, Harold G. *Small Enterprise and Oligopoly.* Carvallis: College Press, 1955.

¿SERÉ UN BUEN EMPRESARIO?

Bajo cada pregunta, escoja la respuesta que exprese mejor cómo Ud. se evalúa.

¿Tengo iniciativa?

Hago las cosas por mi cuenta, sin que nadie me tenga que empujar. _____

Si alguien me empuja, yo sigo solo por mi cuenta. _____

Lo tomo todo con calma. No tiene sentido agitarse si no queda más remedio. _____

¿Cómo me llevo con los demás?

Me gusta la gente. Me llevo bien con casi todo el mundo. _____

Tengo muchísimos amigos—No necesito nadie más. _____

La mayoría de la gente me cae mal. _____

¿Puedo dirigir a los demás?

Puedo lograr que la gente me siga cuando yo comienzo algo. _____

Puedo dar órdenes si alguien me dice qué hay que hacer. _____

Dejo que otros comiencen y entonces, si tengo ganas, me sumo al asunto. _____

¿Puedo tomar responsabilidad?

Me gusta hacerme cargo de los asuntos y darles prosecusión hasta el final. _____

Podré asumir la responsabilidad de algo si no queda más remedio, pero prefiero que otros sean los responsables. _____

Siempre hay algún superentusiasta que quiere mostrar lo inteligente que es. Yo digo: ¡Que lo demuestre! _____

¿Soy buen organizador?

Me gusta tener un plan antes de empezar. Casi siempre soy yo el que organiza todo para el grupo cuando la gente quiere hacer algo. _____

Funciono bastante bien hasta que las cosas se echan a perder. Entonces decido por abandonar el asunto. _____

Uno se prepara para hacer algo y en eso pasa algo que trastorna todo el plan. Así que yo prefiero tomar las cosas según se presenten. _____

(sigue en la página 54)

CREACIÓN DE LA EMPRESA

SEGUNDA PARTE

Esta sección del libro compuesta de cuatro capítulos hará un análisis detallado de los pasos que son necesarios dar para la correcta concepción, organización y operación de la firma. Entre las cuestiones específicas que se discutirán tenemos la decisión de comprar una firma ya establecida, o establecer una nueva, la selección del lugar donde estará situada la empresa, las instalaciones requeridas para una más eficiente operación de la firma y por último las fuentes de los fondos necesarios para comenzar la empresa.

¿Soy buen trabajador?

Puedo seguir adelante hasta donde sea necesario. No me importa tener que trabajar duro por algo que quiero obtener. ....

Puedo trabajar duro por un tiempo, pero cuando ya me canso, ¡se acabó! ....

No creo que el trabajar duro lo lleve a uno a ninguna parte. ....

¿Puedo tomar decisiones?

Me puedo decidir rápidamente si es necesario. ¡Casi siempre sale bien! ....

Puedo tomar decisiones si tengo tiempo. Si me tengo que decidir por algo rápidamente, casi siempre pienso después que debía haber hecho otra cosa. ....

No me gusta ser el responsable de las decisiones. Probablemente decidiría mal. ....

¿Puede la gente confiar en lo que digo?

Sí, como no. No digo lo que no creo o siento. ....

Casi siempre trato de ser sincero, pero a veces digo lo que es más fácil. ....

¿Por qué preocuparse si la otra persona no se dará cuenta nunca? ....

¿Termino lo que empiezo?

Si decido hacer algo no hay nada ni nadie que me detenga. ....

Casi siempre termino lo que empiezo—si las cosas no se enredan demasiado. ....

Si las cosas no van bien al comienzo las paro. ¿Por qué romperse la cabeza? ....

¿Cómo estoy de salud?

Nunca me debilito ni me canso. ....

Tengo suficiente energía para la mayor parte de las cosas que quiero hacer. ....

Se me acaba el impulso mucho antes que a mis amigos. ....

Anotación

¿Cuántas respuestas Núm. 1 tiene? ....
¿Cuántas respuestas Núm. 2 tiene? ....
¿Cuántas respuestas Núm. 3 tiene? ....

Si tiene mayoría de respuestas Núm. 1, tiene probabilidades de poder administrar con éxito un negocio. Si no, es probable que tenga más problemas de los que es capaz de resolver. Mejor sería conseguirse un buen socio que esté fuerte en los puntos débiles suyos. Si tuvo muchas respuestas Núm. 3 no se meta a empresario. Ni un buen socio le podrá ayudar.

CAPÍTULO V

¿QUÉ SE DEBE HACER, COMPRAR UN NEGOCIO EXISTENTE O ESTABLECER UNO NUEVO?

Si bien es verdad que existe cierto grado de similitud entre el proceso de establecer una empresa pequeña, o adquirir una que ya está en operaciones, existen entre ambos tipos de decisiones diferencias substanciales. Es el propósito de este capítulo orientar al estudiante, en relación a los factores, que han de tenerse en consideración, al decidirse entre establecer un negocio, o comprar uno ya existente. En caso de optar por la compra es imprescindible que el comprador esté familiarizado con algunos de los métodos existentes para la adecuada evaluación de la empresa que se quiere adquirir.

Debe de tener en cuenta el lector, que el dilema de si se debe comprar una empresa existente, o establecer una nueva no es una cuestión simple. Todo lo contrario, ya que en la realidad cada caso deberá de decidirse, de acuerdo con las condiciones existentes. A continuación vamos a discutir a fondo, los pro y los contra en la compra de una empresa ya establecida.

Ventajas y desventajas de comprar una firma en operación

Factores que favorecen la compra de un negocio.

1. La compra de un negocio en existencia automáticamente elimina a un futuro competidor.
2. La compra de un negocio, que ya está operando, conlleva un ahorro de tiempo, pues generalmente demora meses y hasta

años el desarrollar los contactos y los activos fijos necesarios para operar en forma competitiva.

3. El negocio establecido ya tiene una clientela también establecida.

4. El inventario y los equipos que son necesarios ya están disponibles desde el primer día.

5. Es teóricamente posible que si las relaciones entre el antiguo y el nuevo dueño son buenas, el comprador pueda obtener información y asesoramiento técnico del vendedor en relación al mercado que se sirve.

6. El hecho de existir es un indicio de que la ubicación no puede ser del todo mala.

7. Una sola transacción económica permite el comienzo de las operaciones por parte del nuevo dueño.

8. Hay menos incertidumbre e imponderables ya que la existencia de estados financieros y de registros de ventas pasados permiten una más fácil proyección y evaluación del futuro.

Factores adversos a la compra de un negocio

1. La dificultad de encontrar uno que represente una buena adquisición.

2. La dificultad en determinar el precio justo y real de un negocio en operación.

3. La posibilidad de que alguno de los empleados de la empresa adquirida no posean la eficiencia necesaria.

4. La existencia de una clientela que no sea aceptable.

5. La falta de adecuación del edificio que requerirá modificaciones substanciales.

6. La ubicación inadecuada.

Como habrá observado el lector, son varios los factores a considerar en la compra de una empresa ya establecida. Estos factores, algunos favorables y otros desfavorables tendrán que ser evaluados, y con base a ello, deberá ser tomada una decisión.

Factores que se deben tener en consideración en la evaluación de una empresa

Como se sabe, antes de que una empresa sea vendida y cambie de dueño es necesario que ambos el vendedor y el comprador lleguen a un acuerdo sobre cuál debe de ser el precio de la compra.

El establecer el precio de una empresa es extremadamente difícil, por la carencia de un mercado de compraventa de empresas, similar al mercado de la bolsa de valores que rige la compraventa de títulos y valores. La compra o venta de un negocio es algo único que no ocurre a menudo y que, en muchos casos, depende de los motivos particulares y prejuicios de los principales actores —el dueño actual y el dueño potencial.

Existen, sin embargo, varios métodos que son empleados para arribar a algún tipo de valuación, esto es, de cuánto debe ofrecerse por la empresa. El primer método, se basa en las expectativas de futuras utilidades y del porcentaje de ganancia con relación al capital invertido. El segundo método se basa en el valor estimado de los activos del negocio, en el momento de la compra.

Debemos hacer una comparación entre ambos métodos, y resaltar los méritos de cada uno.

El primer método el de la capitalización de las utilidades futuras tiene la ventaja, que el comprador es inducido a prestar cierta atención a factores tan importantes, como el comportamiento pasado y presente de las ventas y las utilidades así como la capitalización* del valor del negocio. Creemos que éste es el mejor de los métodos ya que el énfasis es puesto en el futuro rendimiento de utilidades que la empresa puede generar.

El segundo método basado en el valor estimado de los activos del negocio presume en el momento de la compra que los activos del negocio continuarán siendo usados en la empresa, y por lo tanto su principal énfasis es en el presente, —en el valor actual de los activos—, y no en el futuro.

A los efectos, de que el lector pueda obtener una apreciación exacta de cómo cada uno de los métodos mencionados es utilizado, vamos a emplear dichos procedimientos en un ejemplo.

Evaluación de una pequeña empresa por el método de capitalización de las utilidades futuras

Supongamos que las utilidades futuras de la empresa que se planea comprar son estimadas en $15,000 anuales durante los próximos 5 años. Si el futuro dueño se asigna un salario de $5,000 por año esto dejará $10,000 que deberán ser capitalizados.

Si la inversión que se está a punto de hacer, es considerada relativamente segura, y el inversionista cree que una tasa del 10 por ciento sería un buen rendimiento sobre el capital invertido, cuando

---

* Capitalización — Proceso por el cual se estima el valor de una firma y que consiste en utilizar una tasa de descuento que refleja un aceptable rendimiento sobre el capital a invertir.

se compara esta inversión con otras oportunidades de inversión, tales como bonos del gobierno, entonces podemos estimar por medio de un simple cálculo la cantidad del valor del negocio por medio de la fórmula que sigue:

$$\text{Valor posible de la firma} = \frac{\text{Exceso de las utilidades sobre el salario asignado} \times \text{Valor total de la firma}}{\text{Tasa de rendimiento}}$$

$$\$10,000 = 10\% \text{ de utilidades}$$
$$x = 100\%$$

$$x = \frac{10,000 \times 100}{10} = \$100,000 \text{ el valor de la firma.}$$

Es importante, que el lector comprenda que estos $100,000 en realidad representan un estimado, un punto de partida para iniciar el diálogo de la negociación relativa a la posible adquisición de la firma.

A los efectos de simplificar el ejemplo, hemos utilizado la tasa de 10% de rendimiento sobre el capital invertido para la capitalización, sin embargo, debemos hacer énfasis de que éste por ciento está directamente relacionado con el grado de riesgo que la inversión representa. Así vemos que uno pudiera asignar una tasa del 20 ó el 30 por ciento de redimiento a aquellas inversiones que representan un riesgo considerable, y un 6 ó hasta un 10 por ciento a aquéllas en las cuales el riesgo es menor.

Debido a que la inversión en una empresa pequeña conlleva casi siempre un riesgo relativamente alto, nos lleva a pensar que aspirar a un rendimiento del 20 al 25 por ciento no es extremadamente alto, y debemos reconocer que en algunos casos sería necesario hasta un 30 por ciento de rendimiento potencial sobre el capital invertido antes de que nos decidiéramos a hacer la inversión.

Teniendo en cuenta lo que acabamos de discutir, volvamos a estimar el posible valor de la empresa que pensamos comprar; pero esta vez asignándole un 20 por ciento de rendimiento sobre la inversión.

$$\$10,000 = 20\%$$
$$x = 100\%$$

$$x = \frac{10,000 \times 100}{20} = \$50,000 \text{ el valor de la firma}$$

También se debe tener en mente el número de años durante los cuales se pronostica que la firma ha de continuar generando utilidades netas. A menos que le sea posible a la empresa generar dichas utilidades por 15 ó 20 años no se estaría ante una buena inversión. La mejor manera de determinar las posibles utilidades futuras es por medio de un estudio detallado de la dirección que llevan las ventas y las ganancias en los últimos cinco años. Si la tendencia es descendente el valor de la firma será menor.

Evaluación de una pequeña empresa por el método del valor estimado de los activos del negocio en el momento de la compra

Lo primero que debe hacerse cuando se emplea este método es determinar en una forma exacta cuáles son los activos que van a ser transferidos. Entre los activos que deberán ser objetos de estudio está el de las cuentas por cobrar. Es posible que el comprador no esté dispuesto a la adquisición de las cuentas por cobrar hasta que esté convencido a plenitud de que éstas son cobrables. Aún así el vendedor deberá dar cierta garantía de que serán cobradas.

Otros activos, que usualmente son vendidos, son el de inventario, equipos de oficinas, maquinarias, edificios y la plusvalía.

Evaluación de la plusvalía

Podemos definir la *plusvalía* como la facultad o habilidad que tiene un negocio de generar un nivel de utilidades superior al de sus competidores de su mismo o aproximado tamaño. Esta habilidad de generar niveles superiores de utilidades, se debe usualmente a ciertas ventajas intrínsecas del negocio, producto ya de la capacidad del dueño, reputación, manejo de un producto único, o gozar de una ubicación ideal, etc.

El valor de la plusvalía podrá calcularse empleando uno de los dos métodos apuntados a continuación:

1. Capitalización del exceso del promedio de utilidades.

Este procedimiento requiere que se haga primero que nada un estimado del valor de los activos y que el rendimiento sobre ese valor se pueda estimar. Si los estimados de utilidades futuras son superiores, que lo que se pudiera llamar un "rendimiento justo", entonces la diferencia entre ambas cantidades que llamaremos "exceso de utilidades" deberá ser capitalizado utilizando un porcentaje mayor. La cantidad así obtenida será la plusvalía. Esta cantidad, plusvalía, deberá ser sumada al estimado original del valor de los activos y así obtendremos el precio que debemos pagar por el negocio.

No debemos olvidar que como la plusvalía es algo que puede o no continuar, una vez que el negocio sea comprado, el por ciento empleado para su capitalización ha de ser mayor, tal como un 20 ó un 30 por ciento, por el hecho de que existe un mayor riesgo.

2. Capitalización del promedio de utilidades netas.

Este procedimiento es el más simple de los dos métodos de evaluar la plusvalía, ya que consiste en determinar la diferencia en dinero entre: 1) la cantidad que expresa la capitalización de los estimados de utilidades futuras, basados en una tasa de porcentaje que representa el rendimiento deseado sobre el capital invertido, y 2) la cantidad que expresa el valor estimado de los activos físicos de la empresa. La diferencia entre ambas cantidades es el valor de la plusvalía.

Evaluación del inventario

Tanto en las firmas manufactureras, como en las firmas de ventas al detalle, el inventario representa el activo mayor. En el caso de las empresas manufactureras el inventario está distribuido en tres partes: la materia prima, el producto en proceso y el producto terminado. Será requisito que un conteo físico sea hecho de todo el inventario, una vez terminado éste, se deberá proceder a asignarle un valor estimado.

Es muy importante que el conteo físico sea llevado a cabo bajo la supervisión de un CPA. En casos en que no participe un contador titulado, deberá ser llevado a cabo por un grupo de personas compuesto de representativos tanto del comprador como del vendedor.

Evaluación de plantas y equipos

La evaluación de los edificios y equipos ha de ser hecha por expertos en la materia sin tener en consideración el valor de dichos activos según los libros.

Debido a los diferentes métodos de depreciación existentes, en muchas ocasiones el valor de los equipos y edificios según los libros no tiene relación alguna con el valor real o de reemplazo de dichos activos.

La evaluación deberá ser hecha por una tercera persona que, teniendo experiencia, al mismo tiempo sea aceptable para las dos partes.

Ejemplo de cómo evaluar un negocio

Una empresa tiene $12,000 en activos netos y se espera que generará $60,000 de utilidades o ganancias netas por año. Supongamos que el comprador potencial asigna un valor de $40,000 a su tiempo y energía que invertirá trabajando anualmente en la empresa. En adición, el comprador desea una tasa de rendimiento de 10 por ciento en su inversión. El comprador ha de estar dispuesto a pagar una prima por las utilidades en exceso de la cantidad que sea necesaria para cubrir su salario y la tasa de interés. Si un precio de compra de $140,000 es ofrecido, él necesitaría $54,000 para cubrir el salario de $40,000 y los $14,000 de interés (10% de $140,000) si él invirtiese la cantidad completa en la fecha de la venta. Este precio sería bastante favorable para el comprador, ya que a él todavía le quedarían $6,000 de utilidad extra. En casos de que el vendedor estuviera reacio a completar la transacción, el comprador pudiera capitalizar los $6,000 extra utilizando una tasa de interés de 20% que resultaría en $30,000 adicionales si los riesgos de la inversión son normales. Esto haría que el comprador fijaría en su mente un precio de compra máximo de $170,000.

Algunos comentarios finales relativos a la compra de una empresa

La mejor manera de encontrar un buen negocio que esté en venta es por medio de una campaña de cartas a abogados, contadores y banqueros que trabajan en la ciudad, o área donde se planea establecer la empresa. El lector debe tener en cuenta que los negocios que llegan a ser anunciados en la sección de clasificados de un periódico son negocios que usualmente no son los mejores, ya que los que ofrecen un rendimiento más alto por lo general son vendidos rápidamente.

Otro aspecto que es importante tener en cuenta es que uno debe de adquirir un tipo de empresa que le sea familiar. Es difícil de por sí el administrar un negocio, no se debe hacer la tarea más difícil aún tratando de operar un negocio que le es poco familiar a uno.

Una buena idea es tomar la precaución de hacer que el antiguo dueño se comprometa mediante contrato a no establecer una empresa similar a la que está vendiendo, en el mismo territorio. Esta es una manera adecuada para disminuir una potencial competencia que pudiera llegar a ser desastrosa para el nuevo dueño.

Bajo ninguna circunstancia se debe entrar en negociaciones sin el asesoramiento de un abogado y de un contador.

Finalmente, debe tomarse el tiempo necesario antes de concertar la operación de compra.

Desarrollo de un plan para determinar la factibilidad del establecimiento de una firma

Una vez que el futuro dueño se ha convencido plenamente, que el camino a escoger es el de establecer la empresa y no adquirir una ya en operaciones, el próximo paso es el de realizar un estudio de factibilidad que tiene por objeto determinar si es posible establecer la firma, y posteriormente, averiguar bajo qué condiciones ha de establecerse.

El estudio de factibilidad deberá cubrir los siguientes puntos: a) ubicación de la empresa, b) instalaciones físicas internas y externas de la empresa, c) mercado que se ha de cubrir, d) personal que tendrá que ser contratado, e) datos financieros relativos a futuras proyecciones de ventas y costos de operaciones.

Los capítulos posteriores al expuesto tratarán en detalle, cada una de estas áreas de estudio; pero queremos brevemente enumerar en este capítulo algunos de los factores importantes.

Ubicación

La selección del lugar requerirá información que usualmente incluyen los siguientes aspectos:

1. Área comercial colindante.
2. Accesibilidad.
3. Estacionamiento.
4. Rutas de ómnibus.
5. Factores económicos locales.

Instalaciones físicas internas y externas del local

1. Interior y exterior del edificio.
2. Equipos y maquinarias necesarios.
3. Diseño de un esquema interior del edificio.
4. Estacionamiento adecuado.

Estudio de mercadotecnia

1. Tamaño de la población.
2. Características económicas de la población (educación, ingresos, grupo de edades, etc.).
3. Competencia local.

Personal presente y futuro

1. Establecer el criterio que ha de emplearse en la contratación de empleados.
2. Establecer las descripciones de trabajo de cada puesto especificando claramente las obligaciones de cada posición.
3. Diseñar un organigrama de la empresa donde se identifiquen claramente las líneas de autoridad y responsabilidad.
4. Establecer los horarios de trabajo.

Estados financieros con pronósticos futuros

1. Estado de situación inicial — Este documento comercial detalla los bienes, deudas y capital del negocio al momento de abrir las puertas.

2. Presupuestos de venta por un año — Son estimados de las ventas de la empresa para el año próximo.

3. Estado de flujo de efectivo por un año — Es un análisis de los estimados de entrada y salida de caja (efectivo) durante el año próximo.

4. Estado de ingresos o estado de ganancias y pérdidas de los primeros doce meses de operaciones— El informe que muestra los ingresos y los gastos durante el año y la diferencia neta entre los dos.

5. Estado de situación al final del primer año de operaciones — Este documento comercial detalla los bienes, deudas y capital del negocio al cabo de doce meses de operación.

6. Determinación del punto de equilibrio — Es un estimado del instante en la actividad de la empresa cuando los gastos son exactamente igual a los ingresos y por lo tanto no existen ni utilidades, ni pérdidas.

7. Determinación de fuentes de fondos disponibles durante los próximos doce meses — La identificación de instituciones o actividades que suministrarán fondos a la empresa.

En forma similar a la compra de una firma, el estudio de factibilidad requerirá de parte del futuro dueño dedicación, esfuerzo y tiempo. Sin embargo, es importante que se comprenda que una vez completado el estudio y suponiendo que éste haya sido hecho con cuidado y dedicación y se hayan tenido en cuenta la mayoría de los factores económicos y ambientales, el futuro empresario tendrá en sus manos un instrumento que le servirá no solamente para iniciar satisfactoriamente sus operaciones sino que le disminuirá considerablemente el riesgo de un fracaso prematuro.

SUMARIO

1. Existen diferencias substanciales entre establecer y adquirir una empresa. Hay ventajas y desventajas asociadas con cada una de dichas alternativas y éstas deberán ser exploradas cuidadosamente por el futuro empresario.

2. Como primer paso en la compra de una empresa será necesario que el comprador logre evaluar satisfactoriamente la empresa que planea adquirir.

3. Existen dos métodos básicos para la valorización de una empresa. El primer método se basa en las expectativas de futuras utilidades y del rendimiento obtenido sobre el capital invertido. El segundo método se basa en el valor estimado de los activos del negocio en el momento de la compra.

4. De los dos métodos el primero es el mejor, ya que el énfasis del análisis está puesto en el futuro rendimiento de utilidades que la empresa puede generar.

5. Tres de los activos que deben de ser evaluados con más cuidado en la compra de una empresa son: la plusvalía, los inventarios y las cuentas por cobrar

6. El valor de la plusvalía se puede calcular utilizando dos métodos: uno el de capitalizar el exceso del promedio de utilidades netas y el otro el de la capitalización del promedio de utilidades netas.

7. El primer paso a tomar en el establecimiento de una empresa es el desarrollo de un plan de factibilidad.

8. El plan de factibilidad ha de constar de cinco áreas importantes: a) ubicación de la empresa, b) instalaciones físicas, c) estudio de mercado, d) personal que ha de trabajar en ella y e) datos financieros relativos a proyecciones futuras.

Preguntas de repaso

1. Enumere las diferencias básicas entre la compra y el establecimiento de una empresa.

2. ¿Qué ventajas tiene el comprar una firma en operación?

3. ¿Qué desventajas existen en el establecimiento de una empresa nueva?

4. ¿Cuáles son los métodos disponibles para la valorización de una empresa?

5. ¿Qué método es mejor?

6. ¿Cómo se valoriza la plusvalía?

7. Describa el método de valorizar la plusvalía que consiste en capitalizar el promedio de utilidades netas.

8. ¿Qué es un plan de factibilidad? ¿En qué consiste?

9. ¿Qué factores han de tenerse en cuenta en relación a la ubicación de la empresa?

BIBLIOGRAFÍA

CAPÍTULO 5

Baumback, Clifford M., Kenneth Lawyer, Pearce C. Kelley. *How to Organize and Operate a Small Business*. Englewood Cliffs: Prentice-Hall, 1973.

Broom, H. N., Justin G. Longenecker. *Administración de negocios*. México: Compañía Editorial Continental, S. A., 1977.

Klatt, Lawrence A. *Small Business Management Essentials of Enterpreneurship*. Belmont: Wadsworth Publishing Co., Inc., 1973.

Matcalf, Wendell O., Verne A. Bunn, C. Richard Stigelman. *How to Make Money in your Own Small Business*. Vacaville: The Entrepreneur Press, 1977.

Taylor, Weldon J., Roy T. Shaw, Jr., Eduardo López Ballori. *Fundamentos de mercadeo*. Cincinnati: South-Western Publishing Co., 1977.

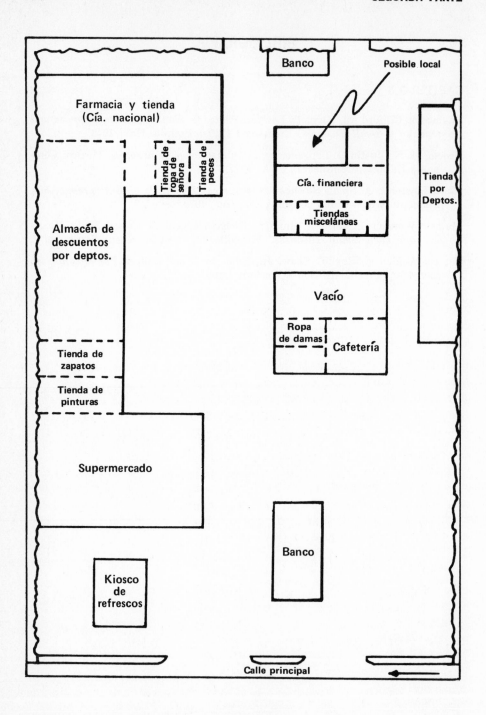

Adoptado del libro **Small Business Management,** *H. N. Broom y Justin G. Longenecker, 5ta. Ed., South-Western Publishing Co. 1979, p.493.*

CAPÍTULO VI

SELECCIÓN DEL LUGAR

Dónde ubicar la empresa es una de las decisiones más importantes y críticas que tiene que hacer el empresario, ya que serán diferentes los factores a estudiar según sea una firma manufacturera, detallista, mayorista o de servicio. Así mismo, la importancia de la ubicación varía según sea el tipo de empresa que se desee establecer.

Como regla general puede establecerse de antemano, que hay ciertos tipos de empresas, verbigracia las detallistas, con incidencia de fracaso muy grande cuando están mal situadas; lo que no ocurre, con otras clases de empresas que pueden subsistir perfectamente sin este requisito, por ejemplo: las firmas de contadores o de reparación de equipos eléctricos las cuales pueden muy bien crecer y desarrollarse sin tener que afrontar el alto costo que usualmente está asociado con una ubicación ideal.

Lamentablemente es muy común observar que el típico dueño de empresa no hace un análisis detallado del lugar donde sitúa la empresa sino que toma la decisión basándose en factores tales, como: el hecho de que un local en particular esté vacío; cercanía al lugar donde él vive; familiaridad con el vecindario y la disponibilidad de un negocio que está en venta, etc. En muchos casos estas razones le parecen al empresario suficientes y no procede a realizar un análisis objetivo de la ubicación potencial de la empresa. Al no tenerse en cuenta los cambios importantes de la población del vecindario, competencia existente, rutas de autobús, programas de construcción llevados a cabo por el gobierno nacional, estatal o municipal, etc., se puede cometer un error en la ubicación de la empresa. Un error de esta índole es casi siempre fatal para el porvenir del negocio, ya que al carecerse de suficientes recursos para una posible relocalización, la firma queda condenada a un volumen de ventas insuficiente, que a la larga es incapaz de sostener la empresa.

Por otro lado, el haber seleccionado una buena ubicación no es una garantía absoluta del triunfo económico de la firma, ya que la supervivencia y el triunfo de una pequeña empresa es normalmente el resultado de una combinación de factores externos e internos. De toda forma, una buena ubicación redundará favorablemente en el futuro de la empresa, y aunque por sí solo este factor no garantiza el triunfo, sí contribuirá en combinación con otros factores favorables a que la firma tenga una larga y próspera vida.

Serie de decisiones a tomar

La selección final del lugar donde la empresa ha de ubicarse es, en realidad, el producto de una secuencia de decisiones intermedias que previamente han ido eliminando alternativos geográficos, hasta llegarse a la última decisión, que es la de escoger el sitio preciso donde se radicará la firma.

Las cuatro decisiones intermedias son las siguientes:

1. Selección de un área geográfica de la nación.
2. Selección de una ciudad dentro de esa área geográfica.
3. Selección de un vecindario o barrio dentro de dicha ciudad.
4. Selección de un sitio óptimo para el desarrollo del negocio dentro del barrio o vecindario.

Volvemos a hacer énfasis en que son pocos los empresarios que proceden a llevar a cabo un análisis objetivo y en serie como el que acabamos de exponer, ya que en la mayoría de los casos razones de índole personal o criterios muy particulares lo deciden, en favor de un lugar u otro.

Selección de un área geográfica de la nación

El empresario, que planea establecer una firma, deberá de tratar de situarla en una zona geográfica de la nación que en lo previsible se advierta que tiene un buen futuro económico. Por ejemplo, un caso, entre otros que pudiera citar es el de la Guayana oriental en Venezuela donde el gobierno está llevando a cabo un vasto programa de desarrollo con miras al futuro, el cual indudablemente será una zona geográfica ideal para establecer ciertas clases de empresa.

El tipo de información necesaria para tomar esta primera decisión casi siempre es fácil de obtener a través de organismos del gobierno y cámaras de comercio regionales.

Una vez seleccionada el área geográfica, el próximo paso es el de escoger una ciudad en particular.

Es aquí donde por primera vez el empresario debe considerar el uso de algún tipo de estudio de mercado, a los efectos, de evaluar las diferentes ciudades. Fundamentalmente, el empresario deberá obtener respuesta a las siguientes preguntas:

1. ¿Cuál es la composición comercial e industrial de la ciudad?
2. ¿La población de la ciudad tiende a aumentar o a disminuir?
3. ¿Cuál es la composición por grupo de edades de la población?
4. ¿Cuál es el promedio de ingreso de la población?
5. ¿Está compuesta la fuerza laboral principalmente de obreros poco especializados?
6. ¿Cuál es la situación de la competencia?
7. ¿Cuál es el tamaño, número y situación de los competidores?
8. ¿Qué programas de desarrollo económico está llevando a cabo el gobierno?
9. ¿Puede la ciudad sostener su negocio?
10. ¿Existen organizaciones cívicas que estén interesadas en el bienestar de la ciudad?
11. ¿Es el clima de la ciudad adecuado para mí y mi familia?

De las once preguntas enumeradas anteriormente, cuatro de ellas, las números 2, 6, 7 y 8 son de extrema importancia.

La pregunta 2 está relacionada con los cambios ocurridos en la población. Una ciudad, cuya población esté decreciendo y emigrando hacia otros centros urbanos, no debe ser un buen lugar donde la empresa debe ser radicada. Por otro lado, una ciudad que actúa como polo de atracción y hacia donde existe una inmigración substancial de personas, es una ciudad que posiblemente tendrá un futuro brillante.

Las preguntas 6 y 7 están relacionadas entre sí, ya que tratan del vital aspecto de la competencia. El empresario debe estudiar en forma cuidadosa la competencia existente y ver si el mercado presente y el potencial permitirá la existencia de otra empresa adicional. De sumo interés para el dueño de la firma que se va a establecer, es conocer cuántas firmas en la ciudad venden, producen mercancías o prestan un servicio similar, al que ella va a ofrecer.

La pregunta número 8 está íntimamente ligada al futuro de la empresa. Una ciudad en proceso de modernización, que está alcantarillando o que está reparando y pavimentando sus calles y vías y en cuya región se construyen carreteras que dan acceso a ella, evidencia un estado de desarrollo y progreso que influirá decisivamente en el futuro de la empresa radicada o que se radique en ella.

Por último, el empresario deberá obtener y recopilar cierta cantidad de información financiera, tales como el número de bancos, volumen de sus depósitos, distribución del ingreso percápita de la población, y volumen del mercado de ventas al detalle.

Solamente cuando el empresario haya podido obtener una cantidad suficiente de datos, y esté satisfecho de las respuestas obtenidas a las preguntas anteriores, deberá proceder a la selección de la ciudad donde radicará la empresa.

Selección de un barrio o vecindario donde situar la empresa

Una vez ya seleccionada la ciudad o pueblo donde se va a establecer la empresa, el próximo paso ha de ser el de escoger el lugar, zona o barrio de dicho centro urbano, al objeto de determinar el mejor para la empresa. Algunos de los factores, que deben de tenerse en cuenta, serán los siguientes: esquema del transporte en la zona, área comercial colindante, accesibilidad, estacionamiento y otros factores económicos locales.

Los dos factores siguientes; esquema del transporte local y accesibilidad, están íntimamente relacionados por tres elementos claves: a) una gran arteria de tráfico desde y hacia la ciudad que podemos llamar "eje mayor"; b) la calle principal dentro de la ciudad llamada "eje principal" y, c) la principal ruta a través de la zona llamada "eje menor".

Por "eje mayor" se entiende una carretera interurbana, cuya función es la de traer productos y materiales hacia la comunidad, desde mercados distantes y que al mismo tiempo sirve para mover productos fabricados en la comunidad para otros mercados. Es a lo largo de esta arteria, que se encontrarán los mejores lugares para empresas manufactureras. Normalmente, la industria detallista no acostumbra a radicarse a lo largo de esta ruta.

El "eje principal" está representado por la calle principal de la ciudad o pueblo. Una o dos calles paralelas a ésta, también forman parte del "eje principal", donde encontraremos la mayor concentración de tiendas y comercios.

Por último, el "eje menor" está representado por calles que dan rápido acceso desde el perímetro de la ciudad al centro comercial de ella.

Desde el punto de vista del empresario, éste debe tener en cuenta los cambios posibles, que puedan ocurrir en relación con estos "ejes". Por ejemplo, a medida que la comunidad crece o disminuye, generalmente el eje menor tiende a mover su posición en relación a la situación geográfica del "eje mayor." Cuando la comunidad crece, el foco de la zona comercial se mueve generalmente en dirección opuesta del eje mayor, en dirección al barrio residencial de más calidad. Si la población disminuye, el foco volverá a moverse en dirección al eje mayor.

Teniendo en cuenta la posible influencia que los cambios indicados pudieran tener en la definitiva ubicación de la empresa, el empresario debe tratar de obtener una respuesta adecuada a la siguiente serie de preguntas.

1   ¿Qué tipo de transporte existe en la comunidad?

2. ¿Qué líneas de ómnibus circulan por los ejes mayores, principales y menores?

3. ¿Qué cambios han ocurrido últimamente?

4. ¿Qué tipo y volumen de peatones pasan por el lugar de la posible ubicación de la empresa, así también cosa muy importante, cuál es la frecuencia cronológica de dicho tránsito?

5. Capacidad del lugar para el estacionamiento de automóviles.

6. Costo probable de mantener relaciones comerciales en ese lugar, en comparación con el de otros lugares.

7. Posibilidad de obtener local adecuado en el barrio.

Otro aspecto de gran importancia es el estudio de la zona comercial aledaña al domicilio de la empresa, por lo que el empresario debe de tener en consideración las respuestas de las siguientes preguntas:

1. ¿Existen en el área comercial elegida, establecimientos mercantiles que atraen los clientes?

2. ¿Cuántas tiendas similares a la que se planea establecer existen en la zona comercial que es objeto del estudio?

3. ¿El aspecto general del área evidencia prosperidad?

4. ¿Están bien cuidados los establecimientos de la zona?

5. ¿Qué tipo de artículos se venden en los otros comercios del área?

6. ¿En qué lado de la calle se ubicará el establecimiento?

Sería muy conveniente que el futuro empresario obtuviese un mapa de la ciudad e indicase en él, dónde la competencia radica, hacia dónde los ejes mayores, principales y menores se dirigen, la cercanía de la potencial ubicación de la empresa al foco o núcleo comercial de la ciudad.

Un último aspecto que el empresario debe tener en cuenta es si ha de comprar el local o arrendarlo. La decisión al respecto debe basarse en las siguientes consideraciones:

1. ¿Puede el capital de la empresa afrontar la compra del edificio o edificios para el negocio sin que merme la cantidad necesaria para la adquisición de los activos esenciales para el funcionamiento de la empresa? Es evidente que si la compra del edificio resta capacidad de compra de los activos necesarios, lo correcto es arrendar los inmuebles.

2. ¿Sería la solución óptima un contrato de arrendamiento con opción de compra? Efectivamente ésta sería la mejor de las soluciones, pero en el caso de que la opción no implique un desembolso incosteable.

3. ¿Prevee el empresario que la empresa habrá de tener cambios importantes, para lo cual haya posibilidad de tener que utilizar otro local? En este caso es absolutamente necesario arrendar el local.

4. Si el empresario contempla la posibilidad de revender el edificio más adelante, y éste se estima que será vendido fácilmente, ¿deberá adquirirse? La respuesta es obvia, la compra es lo mejor.

Resumen de los requisitos que deben tomarse en cuenta para ciertos tipos de negocios

Como resumen de este capítulo vamos a enumerar brevemente los factores que han de ser tomados en cuenta para la ubicación de distintos tipos de firmas.

En el caso de firmas de ventas al detalle, tenemos las siguientes:

1. Estimado del volumen de ventas.

2. Hábitos de compras del cliente potencial en relación a la mercancía que se vende.

3. Ubicación de la empresa en relación a competidores y otras tiendas comerciales.

4. Tráfico de clientes.

5. Accesibilidad.

6. Rendimiento sobre el capital invertido.

7. Disponibilidad del lugar.

Para una firma mayorista, el factor de la ubicación no es tan importante, como en el caso de los detallistas; pero otros factores como los siguientes sí lo son:

1. Cercanía a importantes vías de comunicación, ya sean carreteras o ferrocarriles.

2. Posible selección de un local en las zonas industriales y comerciales más viejas, a los efectos de invertir una cantidad menor en la compra, o en el caso de arrendamiento, pagar una renta menor.

3. Cercanía a los "ejes" principales y menores de la ciudad.

En casos de firmas que presten un servicio, ya sea técnico o profesional, éstas no tienen que estar situadas en las calles principales o en los edificios de oficinas más importantes. Calles secundarias o paralelas a las de los centros o focos comerciales, permitirán estar relativamente cerca de los negocios que se quieren servir, y, al mismo tiempo, sin necesidad de pagar altos alquileres. Debe recordarse que en firmas de servicio es el técnico o el profesional el que visita a la firma detallista o industrial, y no viceversa.

Por último, en relación a las firmas industriales, será necesario estar familiarizado con aquellas zonas de la ciudad, donde se está permitido establecer fábricas. Deberá la fábrica o planta estar cerca de las fuentes de materia prima, o de vías de comunicación —carreteras, ferrocarriles— por donde pueda recibir la materia prima y enviar el producto terminado. Otro aspecto importante será la existencia y disponibilidad, de una fuerza laboral ya entrenada o especializada.

Como podrá apreciar el lector, la determinación de la ubicación de la empresa no es nada fácil, sino todo lo contrario, un proceso que requiere un cuidadoso análisis de las alternativas disponibles, y de una adecuada evaluación de los recursos con que cuenta la firma en relación a las oportunidades existentes. El empresario debe tener siempre presente que la selección de la ubicación de una empresa pequeña es, en la mayoría de los casos, un acto irreversible, ya que un cambio de domicilio en una empresa pequeña generalmente es incosteable dado sus limitados recursos.

SUMARIO

1. Existe una alta relación entre la ubicación adecuada de la empresa y las probabilidades de triunfo y supervivencia de ésta.

2. Si bien la adecuada ubicación de la empresa es importante para todo tipo de negocios, en algunos casos es más importante que

en otros. Por ejemplo, en el caso de establecimientos al por menor es de mucho más importancia que en el de industrias.

3. Por si solo, la buena ubicación no garantiza totalmente el triunfo económico, ya que hay una serie de otros factores que también contribuyen a él.

4. Son cuatro las decisiones que el empresario ha de tomar en relación a la ubicación de la empresa: La primera, es una selección del área geográfica donde él quisiera situar la empresa; la segunda, es la selección de una ciudad dentro de esa área geográfica; la tercera, es la selección de una zona o vecindario, y la cuarta y última, tiene que ver con la ubicación específica —el local— donde estará situada la empresa.

5. En la selección del barrio o vecindario donde ubicar la empresa, será necesario, que el futuro empresario tenga una idea precisa de dónde están situados y en qué dirección corren los ejes principales, mayor y menor.

6. En la ubicación exacta del local es necesario, que se tenga en consideración el área comercial colindante.

7. En caso de fábricas o firmas manufactureras la disponibilidad de una adecuada fuerza laboral es de vital importancia.

8. El si se debe de arrendar o comprar el local seleccionado es una decisión que deberá ser hecha solamente después de un estudio detallado de las posibles alternativas presentes y futuras.

9 El futuro empresario debe tener en cuenta que en casos de empresas pequeñas, una vez que la selección del lugar ha sido hecha, y ésta es implementada, la decisión es normalmente irreversible, ya que casi nunca existen los recursos necesarios para una posible reubicación.

Preguntas de repaso

1. ¿Por qué cree usted, que la adecuada ubicación representa un factor importante en el triunfo final de la empresa?

2. ¿Cuáles son las decisiones intermedias, que el empresario tendrá que hacer, antes de escoger el local donde ubicar su firma?

3. ¿Qué factores se han de tomar en cuenta cuando se trata de seleccionar un área geográfica para establecer la firma?

4. ¿Qué factores influyen en la selección de una ciudad en particular?

5. Explique qué se entiende por "eje principal" "eje mayor" y "eje menor"; y cómo las variaciones en población afectan estos ejes, así también, en qué forma pudieran dichas variaciones redundar en el futuro de la empresa.

6. ¿Por qué es importante el área comercial colindante?

7. ¿Qué diferencias hay que reconocer que existen entre la ubicación de una empresa comercial y una industrial?

8. En el caso de una empresa mayorista, ¿cuáles factores se deberán considerar para su ubicación?

9. ¿Qué factores hay que tener en cuenta antes de decidir si se debe arrendar o comprar un local?

BIBLIOGRAFÍA

CAPÍTULO 6

Broom, H. N., Justin G. Longenecker. *Administración de negocios.* México: Compañía Editorial Continental, S. A., 1977.

Frantz, Forrest H. *Successful Small Business Management.* Englewood: Prentice-Hall Inc., 1978.

Macfarlane, William N. *Principles of Small Business Management.* New York: McGraw-Hill Book Company, 1977.

Stegall, Donald P., Lawrence L. Steinmetz, John B. Kline. *Managing the Small Business.* Homewood: Richard D. Irwin, 1976.

Steinhoff, Dan. *Small Business Management.* New York: McGraw-Hill Book Company, 1974.

Tate Jr., Curtis E., Leon C. Megginson, Charles R. Scott, Jr., Lyle R. Trueblood. *The Complete Guide to your own Business.* Homewood: Dow Jones-Irwin, 1977.

Tootelian, Dennis H., Ralph M. Gaedeke. *Small Business Management — Operations and Profiles.* Santa Monica: Goodyear Publishing Co., Inc., 1978.

Firma mayorista

El típico mayorista es un comerciante que compra del fabricante —en su país o en el extranjero— en grandes cantidades, y vende al detallista en cantidades relativamente pequeñas. Pudiéramos decir que el mayorista actúa como el "agente de compras" del detallista, ya que anticipa lo que éste desea, va al mercado a adquirirlo y tiene la mercancía disponible cuando éste la necesita.

Algunas de las características que encontramos en el mayorista son las de almacenaje de la mercancía en grandes cantidades, y la rápida entrega de ésta cuando es necesitada. Es por esto que el almacén o depósito empleado por el mayorista ha de tener las siguientes características:

1. Bastante espacio para almacenar la mercancía, al más bajo costo posible.

2. Cercanía a centros de comunicaciones y vías férreas o carreteras.

3. Adecuada iluminación.

4. Uso de estantes o anaqueles para colocar la mercancía.

5. Empleo de equipos adecuados tales como monte-cargas, carretillas, etc.

6. Servicios y baños para los empleados.

7. Empleo de equipos de aire acondicionado en casos que sea necesario y económico.

Por último, hay que tener en cuenta que el gran volumen de mercancía que habitualmente pasa por las manos del mayorista, ocasiona pérdidas, averías e incluso el robo de mercadería. Es por eso que el sistema operacional deberá incluir métodos adecuados para prevenir el robo por parte de empleados. El diseño físico del establecimiento deberá tener esto muy en cuenta.

Firmas de servicio

El diseño del edificio y el interior de una firma de servicio habrá de tener en consideración el tipo de servicio que ésta presta y el volumen de ingreso que se espera obtener.

El esquema interior tendrá que dar prioridad a la obtención del máximo de productividad de los equipos y maquinarias que sean empleados. Por ejemplo, un rápido y eficiente manejo de las piezas de repuestos, contribuirá en mucho a acelerar la reparación de los equipos con la consiguiente satisfacción de los clientes, en negocios de reparación.

Es importante que si alguna parte del negocio —ventas por ejemplo— se lleva a cabo en el local, deberá crearse en éste una atmósfera agradable y atractiva que le sea grata al cliente.

Como quiera que en el caso de una firma de servicio o profesional, la relación entre la empresa y el cliente es en muchos casos bastante personal, el empresario deberá llevar a cabo un estudio del perfil típico del cliente a servir, y del tipo de trabajo que más a menudo será realizado. Los datos y conclusiones que se obtendrán en este estudio deberán ser incorporados en el esquema interior de la empresa.

Estacionamiento

Otro factor que debe considerar el empresario es la posibilidad de construir un área de parqueo que haga más accesible al cliente el establecimiento.

SUMARIO

1. Después de seleccionarse la ubicación de la empresa, el próximo paso es planificar instalaciones adecuadas —internas y externas— del local.

2. Las cuatro fases importantes de la planificación tratarán de determinar: a) si se debe construir un edificio nuevo o adaptar el existente; b) la iluminación requerida según sea el tipo de empresa; c) la obtención de equipos y enseres que la empresa necesita para llevar a cabo su misión, y d) la eficiente organización y uso de los equipos y maquinarias necesarias.

3. La decisión de si comprar el local o arrendar el existente, requiere un estudio detallado y profundo por parte del empresario.

4. En casos de negocios al menudeo, es de extrema importancia que el exterior del local presente una imagen tan adecuada que constituya una invitación efectiva que sea capaz de decidir al peatón o posible cliente que pase por frente del mismo, a penetrar en el establecimiento.

5. El interior de la firma detallista deberá estar diseñado teniendo en cuenta el tipo de mercancía que se vende y el espacio disponible.

6. El número de puertas de entrada que un establecimiento detallista debe tener depende del número de metros de frente que tiene y si está o no situado en una esquina.

7. La planta de una firma industrial deberá ser diseñada de adentro hacia afuera.

8. La empresa mayorista tendrá que prestar especial atención al espacio empleado para el almacenaje de mercancía y la rapidez con que ésta puede ser entregada al cliente.

9. Todo tipo de empresa debe considerar el beneficio que conllevaría la existencia de suficiente espacio para el estacionamiento de autos, tanto de los clientes como de los empleados.

Preguntas de repaso

1. ¿Por qué es necesario la adecuada planificación de las instalaciones físicas internas y externas del local donde estará ubicada la empresa?

2. ¿Qué factores hay que tener en cuenta al decidir si se debe de comprar un edificio o arrendarlo?

3. ¿Cuántos tipos de vidrieras normalmente se usan?

4. ¿Qué importancia tiene la ubicación de la mercancía en el interior de la tienda?

5. ¿Qué objetivos se buscan en el diseño adecuado de una fábrica?

6. ¿Cuáles son algunas de las características que encontramos usualmente en las firmas mayoristas?

7. ¿Por qué se afirma que en el caso de una firma de servicio o profesional, existe una relación personal entre la empresa que presta el servicio y el cliente?

8. ¿Por qué el estacionamiento es un factor importante para todo tipo de empresa?

9. Seleccione una tienda al detalle y evalúela empleando los requisitos enumerados en este capítulo para firmas de ese tipo.

BIBLIOGRAFÍA

CAPÍTULO 7

Broom, H. N., Justin G. Longenecker. *Administración de negocios*. México: Compañía Editorial Continental, S. A., 1977.

Frantz, Forrest H. *Successful Small Business Management*. Englewood: Prentice-Hall Inc., 1978.

Macfarlane, William N. *Principles of Small Business Management*. New York: McGraw-Hill Book Company, 1977.

Stegall, Donald P., Lawrence L. Steinmetz, John B. Kline. *Managing the Small Business*. Homewood: Richard D. Irwin, 1976.

Steinhoff, Dan. *Small Business Management*. New York: McGraw-Hill Book Company, 1974.

Tate Jr., Curtis E., Leon C. Megginson, Charles R. Scott, Jr., Lyle R. Trueblood. *The Complete Guide to your own Business*. Homewood: Dow Jones-Irwin, 1977.

Tootelian, Dennis H., Ralph M. Gaedeke, *Small Business Management — Operations and Profiles*. Santa Monica. Goodyear Publishing Co. Inc., 1978.

CAPÍTULO VIII

FUENTES DE LOS FONDOS NECESARIOS PARA ESTABLECER LA EMPRESA

En el capítulo cuatro expusimos que una de las causas más comunes que conducen al fracaso de la pequeña empresa es la falta de suficiente capital, y, específicamente, enfatizamos que el error de tener una capitalización no adecuada podía resumirse en dos categorías:

a) La de los empresarios que habiendo hecho una inversión inicial suficiente invierten la mayor parte de sus recursos líquidos (efectivo y crédito) en el momento de abrir la empresa, y se quedan sin reservas para hacerle frente a los futuros gastos inmediatos.

b) Dependencia masiva en capital prestado para iniciar la empresa.

A estos dos errores queremos agregar un tercero en este capítulo, el caso de los propietarios que se establecen sin suficiente capital para adquirir la totalidad del inventario inicial.

Son los propósitos de este capítulo exponer: 1) los problemas más comunes que usualmente retan al empresario en su intento de obtener fondos para la empresa; 2) enseñarle cómo hacer un estimado de la cantidad de capital necesario y 3) señalarle la existencia de posible fuentes de fondo.

Problemas en la obtención de fondos

El dueño potencial de una pequeña empresa debe ser extremadamente realista, en cuanto a las posibilidades que tiene de obtener capital prestado para invertir en la empresa. Debido a que se trata de capital para invertir en una firma que va a comenzar, no una que ya lleva años de establecida; más aún, que el préstamo es pedido para una empresa pequeña y no para una grande, cabe presumir que el banco examinará con mucho cuidado, y con cierta renuencia, la petición de fondos.

Esta actitud por parte del banco es normal y lógica. La función del banquero es prestar dinero a interés, con la expectativa de poder recobrar tanto el principal como el interés. Es para el banco mucho mejor negocio hacer diez préstamos de $500,000 cada uno a compañías grandes y ya establecidas, que cien préstamos de $50,000 cada uno a empresas pequeñas que van a comenzar sus negocios. La razón desde el punto de vista del banco es muy simple, ya que la típica empresa grande tiene un sistema de contabilidad mucho más eficiente que la empresa pequeña típica y, además, es mucho más económico para el banco procesar y administrar diez préstamos que cien, aun cuando la totalidad del dinero prestado sea el mismo.

En adición a lo expuesto, cabe señalar que el banquero sabe muy bien la alta tasa de mortalidad de la empresa pequeña, y es muy lógico que trate de proteger su inversión por medio de una selección cuidadosa, invirtiendo en aquellas empresas donde el riesgo sea menor.

El dueño de una empresa pequeña deberá tener en cuenta que la empresa grande ya establecida tiene ciertas ventajas competitivas sobre las firmas menores en el momento de obtener fondos de inversión. La firma grande paga una tasa menor de interés que la firma pequeña, y el programa de pagos es en muchos casos más liberal, para la empresa grande, que para la pequeña.

A pesar de lo dicho anteriormente existen vías y métodos que pueden y deben ser empleados por el pequeño empresario, a los efectos de obtener el capital de inversión necesario del banco. La próxima sección tratará de los métodos y formas a emplear en cuanto a los contactos bancarios y el tipo de servicio que el banco puede ofrecer.

Cómo obtener préstamos bancarios

Dos son las cosas que debe hacer el empresario a los efectos de facilitar la posible obtención del préstamo bancario.

El primer aspecto, es la preparación por parte del empresario de una serie de estados financieros y proyecciones de ventas futuras, que le permita al banquero hacer una evaluación favorable de la petición.

El segundo aspecto es establecer buenas relaciones personales con el banquero responsable de aprobar los préstamos. Estas relaciones deberán ser cultivadas a través de una serie de actos sociales: invitaciones para comer, invitaciones a actos deportivos, etc. El objetivo es hacer del banquero un amigo personal, que en un momento determinado sea más accesible a una petición de préstamo.

Específicamente, el empresario deberá preparar con su contador estados financieros de pérdidas y ganancias, así también estados de situación, o estados de posición financiera, basados en estimados y proyecciones futuras y teniendo en cuenta el dinero recibido del préstamo. Una explicación detallada de cómo se va a emplear el dinero del préstamo deberá acompañar los estados de situación. Entre los datos que se deben presentar están los estimados de ventas y utilidades netas durante el término del préstamo. De mucha importancia será la preparación de un estado del flujo de efectivo, que muestre cómo y cuándo será pagado el préstamo. También deberá llevarse al banco documentos tales como pólizas de seguro, declaraciones de impuestos, información financiera de carácter personal, etc.

El empresario debe partir de la premisa de que el banquero nunca tiene información suficiente y que mientras más detallada sea la información suministrada, y entre menos preguntas sin respuesta surjan, más rápida y más favorable será la decisión sobre el préstamo. Más aún, el empresario no deberá sorprenderse si el banquero exige algún tipo de garantía colateral antes de aprobar el préstamo.

Por último, no se debe dejar esta sección sin enumerar algunas de las señales de peligro que el banquero tratará de descubrir en los estados financieros y en las informaciones suministradas por el empresario.

1. Lentitud en la recaudación de las cuentas por cobrar.
2. Acumulación excesiva de inventarios de alto precio.
3. Poco movimiento del inventario.
4. Inversión excesiva en activos fijos.
5. Incremento de las cuentas por pagar.
6. Ineficiente control de los gastos operacionales.
7. Cambio excesivo de personal.
8. Salud y edad relativa de los actuales dueños.
9. Aumento de ventas sin correspondiente aumento de utilidades netas.
10. Hábitos personales del empresario.

La existencia de alguna o algunas señales de riesgo o peligro, advertidas por el banquero en las informaciones suministradas por la empresa, harán que se torne más cuidadoso el estudio que determinará la decisión negativa o positiva sobre el préstamo.

Servicios que presta el banco a la pequeña empresa

Algunos de los principales servicios de carácter financiero que el banco presta son los siguientes:

1. Préstamos sobre las cuentas por cobrar. Cuando el banco presta dinero, además de los estados de situación que tiene que entregar el empresario, muchas veces, el banquero requiere relación constante de las cuentas por cobrar al objeto de que al producirse el cobro de ellas el empresario remita al banquero inmediatamente el importe de la cuenta.

2. Préstamos sobre inventarios. Cuando el banco suministra fondos teniendo como garantía parte específica o todo el inventario, al venderse la mercancía que ha sido dada en garantía el dinero recibido es empleado para liquidar el préstamo.

3. Préstamos para equipos. La compra de equipos puede ser financiada a través de un préstamo bancario. Usualmente en estos casos el banco se reserva la propiedad del equipo mediante contratos adecuados.

4. Línea de crédito. Es un acuerdo entre el banco y la empresa (o el cliente) que le permite a ésta extraer fondos hasta un límite preestablecido luego de un mínimo de trámite. Siempre que el banco le concede a una empresa una línea de crédito, es usual que el banco exija que por lo menos una vez al año el saldo de la cuenta del préstamo sea liquidado.

5. Préstamos a largo plazo. En los casos de inversiones de capital, tales como edificios, maquinarias, equipos, etc., generalmente, el préstamo necesario para dichas adquisiciones se concede a pagar en términos mayores de tres años, y a estos préstamos es costumbre denominarlos préstamos a largo plazo. Normalmente un préstamo a largo plazo conlleva cierto número de restricciones para la empresa que lo recibe. Por ejemplo, el salario del dueño puede ser objeto de limitaciones; el uso del préstamo pudiera ser restringido al pago de los bienes de capital para el cual el préstamo se convino, etc. Es posible la exigencia por parte del banco de la compra de una póliza de seguro de adecuada cobertura sobre el bien objeto del préstamo.

6. Préstamos a corto plazo. Este es un tipo de préstamo que pudiera ser empleado para fines específicos, y que debe ser liquidado en un período relativamente corto —tres a seis meses— con los fondos que son generados por la propia inversión y en su defecto con los fondos propios del negocio.

Los tipos de servicios acabados de enumerar son los que el empresario generalmente tiene en mente cuando piensa en sus posibles relaciones bancarias. Sin embargo, existen otros servicios que habitualmente son ofrecidos por los bancos comerciales tales como:

1. Transferencia de fondos.
2. Asistencia técnica.
3. Manejo y administración de la nómina de la empresa.
4. Cartas de crédito.
5. Contactos nacionales e internacionales a través de otras sucursales o bancos corresponsales.
6. Asesoramiento sobre la mejor manera de emplear fondos sobrantes.

Otras fuentes de préstamo

Habiendo estudiado anteriormente como fuente principal de fondos el banco, procede relacionar otras posibles fuentes.

En el caso de un negocio que se vaya a establecer tenemos las siguientes alternativas:

1. Los recursos del propio empresario que serían la principal fuente inicial. A menos que el futuro dueño tenga acumulado cierta cantidad de recursos, le será prácticamente imposible establecer la empresa.
2. Préstamo de algún amigo o familiar. Esta fuente sólo tiene un valor relativo y deberá utilizarse únicamente como una última opción, ya que la casi segura interferencia por parte de los familiares y amigos en la dirección del negocio, a la larga resulta engorrosa, y va en detrimento tanto del propio negocio, como de la unidad familiar y la amistad.
3. Vender acciones al público. Desgraciadamente pocas personas están interesadas en invertir en una pequeña empresa que todavía no existe.
4. Tomar un préstamo a cuenta del valor en efectivo de una póliza de seguro de vida, es una excelente fuente de efectivo ya que el interés es relativamente bajo. Desafortunadamente el valor en efectivo de una póliza de seguro de vida a menudo es pequeño.

Para aquellos negocios que llevan algún tiempo de establecidos, existen en adición a las fuentes mencionadas otras de más valor.

1. Utilidades netas realizadas por la propia firma y no repartidas. Generalmente esta es la óptima fuente de capital de toda empresa. Desgraciadamente a menudo no es suficiente para sostener el crecimiento acelerado de la empresa y a la vez hacerle frente a las exigencias del capital de trabajo. (Véase definición más adelante.)

2. Ventas o pignoración de las cuentas por cobrar. Este es un procedimiento que consiste en vender o empeñar a una empresa bancaria o financiera las cuentas por cobrar. Si bien es una fuente de capital rápida y segura, por lo general resulta bastante costosa, ya que el banco o la compañía financiera tiene que asumir el riesgo si adquiere las cuentas por compra, o soportar los gastos en el caso de pignoración.

3. Pedir dinero prestado contra parte del inventario. Ya discutimos esta fuente anteriormente, pero como información al respecto debe conocerse que cuando el banco presta a base del inventario, periódicamente un representante de dicha institución visita la empresa para revisar la mercancía en existencia.

4. Crédito mercantil suministrado por los proveedores de mercancía. Se puede decir, que el crédito ofrecido por los abastecedores y proveedores de mercancía, es de vital importancia al empresario. El crédito mercantil se considera como un crédito a corto plazo —generalmente es de 30 a 60 días de duración— puesto que libera una cantidad equivalente de fondos, para ser empleados en otros objetivos del negocio por lo que el crédito mercantil debe ser considerado como una fuente de fondo a corto plazo.

5. Préstamo de los vendedores de equipos y maquinarias. Es usual que los vendedores de equipos y maquinarias que son empleados en las empresas ofrezcan términos de compras relativamente liberales, que permitan al empresario la compra de la maquinaria necesaria con un depósito pequeño.

Ahora que el lector está familiarizado con las diferentes fuentes de capital para establecer la pequeña empresa, vamos a estudiar algunos de los procedimientos existentes al alcance del empresario para determinar el capital necesario al objeto de establecer la empresa.

Cómo estimar el capital necesario

La cantidad necesaria de capital para financiar adecuadamente un negocio varía de acuerdo con el tipo de empresa de que se trate, y esto podrá ser determinado solamente después de un estudio cuidadoso de la firma que se planea establecer.

Desde el primer momento, el empresario tendrá que reconocer, que él deberá proveer suficiente efectivo para hacerle frente a dos tipos de costos. Será necesario tener suficiente efectivo 1) para hacerle frente al capital de trabajo, y 2) para hacerle frente a los gastos de capital, que exigen inversiones substanciales en activos fijos, tales como maquinarias, equipos, edificios, etc.

A los efectos de la inversión, podemos definir el capital de trabajo, como la totalidad de activos corrientes. Se puede decir que el capital de trabajo consiste en el efectivo a mano disponible, el inventario, y las cuentas por cobrar. A través de las operaciones normales de la firma el efectivo representa lo que pudiéramos llamar "capital circulante". Este "capital circulante" es un ciclo continuo que transcurre de la siguiente manera: 1) compra de mercancías, 2) venta de la mercancía a crédito, 3) recaudo de las cuentas por cobrar a los clientes. La palabra ciclo representa el flujo circular de capital, de caja a inventario, a cuentas por cobrar y a caja nuevamente. Como quiera que el efectivo que entra a la empresa, rara vez está sincronizado cronológicamente con el que sale, será necesario que cada empresa tenga una reserva de efectivo a mano adecuada y disponible para hacerle frente a las operaciones diarias. El monto de esta reserva en efectivo dependerá de una serie de factores, tales como volumen de venta, pero teniendo en cuenta si éstas son a crédito o al contado, y de ser a crédito, deberá tenerse en cuenta el tiempo que tardarán en ser cobradas. Por último siempre pueden surgir imprevistos que hay que afrontar, por lo que una actitud conservadora es la mejor en este caso particular.

La cantidad del capital inicial que ha de ser invertido en el inventario de mercancías, normalmente representa una porción considerable del capital de trabajo, y aunque la cantidad total fluctuará según la temporada y el tiempo que toma el ciclo del "capital circulante", siempre será una porción substancial del capital invertido.

El tercer elemento que forma el capital de trabajo, es el de las cuentas por cobrar. Algunos de las factores, que necesariamente afectan la cantidad de la inversión requerida para apoyar satisfactoriamente un programa de ventas a crédito, incluye el porcentaje de las ventas, que son de crédito, y los términos bajo los cuales se hacen las mismas.

El capital invertido en activos fijos deberá ser el menor posible; pero siempre suficiente para permitirle a la empresa competir satisfactoriamente en el mercado. La cantidad de capital invertido en activos fijos dependerá lógicamente del tipo de empresa de que se trate, siendo relativamente pequeño en casos de las firmas detallistas y de servicio, y será mayor en casos de firmas manufactureras.

La recomendación de mantenerse al mínimo la inversión de activos fijos se debe a la poca liquidez que estos activos tienen, así también que en el caso de que la empresa esté paralizada hay que soportar los gastos de mantenimiento y de depreciación de ellos.

Ahora, que el lector tiene una idea más exacta de los problemas y alternativas que el empresario confronta vamos en detalle a explicar un método que le permitirá a éste estimar con exactitud la cantidad necesaria de capital.

Existen tablas de razones o coeficientes contables publicados por instituciones bancarias locales y entidades gubernamentales, así como por firmas internacionales tales como Dun & Bradstreet, Inc., The National Cash Register Co., y Robert Morris Associates, que pueden servir como punto de partida para hacer el estimado.

El primer paso en la determinación del capital consiste en estimar el volumen de ventas necesario para poder realizar la cantidad de ingreso neto que se desea. Esto se puede hacer empleando la siguiente tasa contable $\frac{\text{Ingreso neto}}{\text{Ventas netas}}$. En el supuesto que se desee establecer una empresa de ventas de muebles al detalle y que la razón o coeficiente contable que establece la relación de ingreso neto a ventas netas sea de 2.5 por ciento, y que se desea una utilidad neta anual de $20,000, el volumen de ventas tendrá que ser 40 veces mayor o $800,000.

Sabiendo que el volumen de venta requerido es de $800,000, el próximo paso es la determinación del tamaño del inventario de mercancía que habrá que tener a mano para hacerle frente en forma satisfactoria a la cantidad de ventas anteriormente estimada. Una vez más hacemos uso de la razón o coeficiente contable que establece la relación de ventas netas a inventario, $\frac{\text{Ventas netas}}{\text{inventario}}$, si la tabla de razones contables muestra que este coeficiente es igual a 5 entonces el inventario de mercancía deberá ser de aproximadamente $160,000.

Al estimar la cantidad de capital necesario a invertir en cuentas por cobrar, las tablas de índices contables también son de gran utilidad. Si la tabla de razones contables establece que el promedio de tiempo de cobro de determinado giro es de cien (100) días, habrá que estimar entonces que en cualquier momento existirá el 27.39% de la totalidad de las ventas anuales al crédito en cuentas por cobrar.

Esto lo podemos determinar aplicando la siguiente razón:

$$\frac{\text{promedio de tiempo de cobro en días}}{\text{número de días en el año}} \times \begin{array}{c}\text{Volumen de}\\\text{ventas netas}\end{array} = \begin{array}{c}\text{Volumen de}\\\text{cuentas por}\\\text{cobrar en un}\\\text{momento dado}\end{array}$$

por lo tanto si las ventas de la mueblería de que hablo anteriormente son de $800,000, el volumen de cuentas por cobrar en cualquier momento será de $219,178 calculado como sigue:

$$\frac{100}{365} \times \$800,000 = \begin{array}{l}\$219,178 \text{ o el } 27.39\%\\\text{de las ventas anuales.}\end{array}$$

La cantidad de capital que ha de ser invertido en activos fijos puede ser estimado comparando la razón contable de activos fijos con el capital neto, habiendo sido estimado este último previamente por medio de una razón o coeficiente contable que establece la relación de ventas netas a capital neto. Siguiendo con el ejemplo supongamos que el coeficiente contable que establece la relación de ventas a capital neto es 4, como ya hemos estimado el volumen a $800,000 tenemos que el capital neto debe ser $200,000. Si los activos fijos son usualmente el 10 por ciento del capital neto, el empresario potencial deberá planear invertir $20,000 en activos fijos al establecer la mueblería.

Debemos advertir que si bien las tablas de índices o razones contables preparadas por las instituciones previamente mencionadas son de gran utilidad para estimar el capital necesario, es peligroso depender únicamente de estimados obtenidos empleando solamente las coeficientes contables. Además de dichos estimados, el empresario también deberá hacer sus propios estimados, a base de su experiencia personal y de las condiciones locales del mercado donde se va a establecer la empresa. Por ejemplo, el volumen de efectivo a mano que se debe mantener en reserva está en función de los gastos que la empresa va a incurrir y que tendrán que ser cubiertos antes de que comience a entrar el flujo de efectivo producto de las operaciones. Algunos de estos gastos son: nóminas, alquiler, gastos de oficina, electricidad, etc. Una provisión de efectivo equivalente a la cantidad necesaria para cubrir tres meses de operaciones debe ser el mínimo con que debe contar el empresario antes de abrir las puertas del negocio.

En el caso de las cuentas por cobrar, debemos considerar qué porcentaje de ventas se harán al crédito, cuáles son los términos que se emplearán y tratar de anticipar los hábitos de pago de los clientes.

En cuanto al inventario de mercancías sería conveniente visitar empresas similares, y también a los abastecedores, para obtener asesoramiento. Para una empresa que empieza es importante tener un inventario adecuado; pero éste no debe ser ni tan grande que absorba una porción desproporcionada del limitado capital inicial, ni tan pequeño que hiciera que los futuros clientes no encontraran suficiente variedad de mercancía.

SUMARIO

1. Una de las causas más comunes a las cuales se le puede atribuir el fracaso de una empresa pequeña es la falta de suficiente capital. Se pueden señalar tres clases de errores: a) El que cometen los empresarios que invierten la totalidad del capital y que no mantienen las adecuadas reservas líquidas, b) La dependencia masiva de capital prestado y c) El intento de establecer la empresa sin suficiente capital.

2. El empresario debe ser fundamentalmente realista en su esfuerzo de obtener capital de inversión.

3. La Banca considera que la típica empresa pequeña representa un riesgo bastante elevado a los efectos de prestarle dinero.

4. El empresario deberá de suministrar al banco una amplia variedad de estados financieros. Estos estados financieros deberán estar preparados tomando en cuenta las proyecciones futuras de la empresa y cómo se va a emplear el dinero que está siendo pedido prestado.

5. Es importante que el empresario sepa cuáles son las señales de peligro que el banquero tratará de detectar en los estados financieros e informaciones suministradas por la empresa.

6. Son múltiples los tipos de servicios que un banco puede prestarle a una pequeña empresa. Entre dichos servicios cabe señalar los siguientes: obtención de crédito, préstamos a largo y corto plazo, transferencia de fondos, asistencia técnica, manejo y administración de la nómina, etc.

7. Entre las otras posibles fuentes de fondos existen los préstamos familiares, amigos, pólizas de seguros, etc.

8. Las utilidades netas generadas por la empresa deben de ser la principal y primaria fuente de efectivo de todo negocio.

9. Una tabla de coeficientes contables es extremadamente útil en la determinación de la cantidad de capital necesario para ser invertido en inventario, cuentas a cobrar y activos fijos.

Preguntas de repaso

1. ¿Por qué se dice que la falta de suficiente capital es una de las principales causas del fracaso de las pequeñas empresas?

2. ¿Cuáles son las razones por las cuales el banquero es reacio a prestarle dinero al pequeño empresario?

3. ¿Cómo puede el empresario hacer que el banco sea más accesible a su petición de un préstamo?

4. ¿Qué tipo de servicio puede prestar un banco a una pequeña empresa?

5. ¿Qué es una línea de crédito?

6. ¿Cuáles son las dos formas de estimar el capital necesario?

7. ¿Qué problemas existen en la inversión de activos fijos?

8. ¿En qué forma puede la empresa emplear el crédito mercantil suministrado por los proveedores de mercancía?

9. Estime el capital necesario para establecer una tienda de ventas de zapato si usted desea $10,000 de utilidad neta. Emplee una tabla de coeficientes contables y determine la cantidad de inventario, cuentas por cobrar, efectivo y activos fijos necesarios.

BIBLIOGRAFÍA

CAPÍTULO 8

Horne, James C. Van. *Financial Management and Policy*. Englewood Cliffs: Prentice-Hall, Inc. 1968.

Hungate, Robert. *Interbusiness Financing: Economic Implications for Small Business*. Washington, D. C., U. S. Government Printing Office, 1962.

Robichhek, Alexander, Steward C. Myers. *Optimal Financing Decisions*. Englewood: Prentice-Hall, Inc., 1965.

Schultz, Raymond G. *Readings in Financial Management*. 2da. ed. Scranton: International Textbook Company, 1970.

Tate Jr., Curtis E., Leon C. Megginson, Charles R. Scott Jr., Lyle R. Trueblood. *Succcessful Small Business Management*. Dallas: Business Publications, Inc. 1975.

Timmons, Jeffry A., Leonard E. Smollen, Alexander L. M. Dingee, Jr. *New Venture Creation: A Guide to Small Business Development*. Homewood: Richard D. Irwin, Inc., 1977.

Weston, J. Fred, Eugene F. Brigham. *Managerial Finance*. 4ta. ed. Hinsdale: The Dryden Press, 1972.

DIRECCIÓN Y ADMINISTRACIÓN DE LA EMPRESA

TERCERA PARTE

Esta sección cuenta con cinco capítulos. Aquí se tratarán aquellos aspectos que son necesarios para la dirección, administración y control de la empresa ya establecida. Específicamente se evaluarán las diferentes estructuras legales bajo las cuales es posible operar, se estudiarán las funciones de gerencia y de administración imprescindibles a la eficiente operación de ella así como la imperiosa necesidad que tiene el empresario de una adecuada cobertura de riesgo para la protección de la firma. Por último, dos de los capítulos se concentran en aspectos de la contabilidad que tienen relación con la función de control y el uso potencial de microcomputadoras.

LOS TRES TIPOS PRIMORDIALES DE ORGANIZACION LEGAL EN LOS NEGOCIOS

Corporaciones

Sociedades mercantiles

Negocios de
un solo dueño

ORGANIGRAMA DE UNA CORPORACION

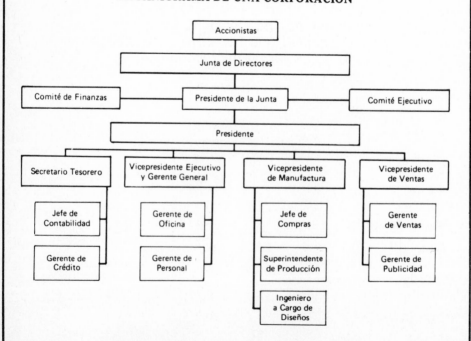

Accionistas

Junta de Directores

Comité de Finanzas — Presidente de la Junta — Comité Ejecutivo

Presidente

Secretario Tesorero | Vicepresidente Ejecutivo y Gerente General | Vicepresidente de Manufactura | Vicepresidente de Ventas

Jefe de Contabilidad | Gerente de Oficina | Jefe de Compras | Gerente de Ventas

Gerente de Crédito | Gerente de Personal | Superintendente de Producción | Gerente de Publicidad

Ingeniero a Cargo de Diseños

CAPÍTULO IX

ESTRUCTURAS LEGALES DISPONIBLES

Una vez que se ha estudiado la factibilidad de la obtención de fondos para establecer la empresa, el empresario tiene que considerar el tipo de estructura legal bajo la cual va a operar. Esta es una decisión que el dueño potencial no debe de hacer por sí mismo, sino que debe de hacerla bajo el asesoramiento legal de un abogado y de un contador.

La experiencia demuestra que en muchos casos, lamentablemente, un gran número de empresarios no prestan atención debida a este problema y, debido a ello, hacen decisiones relativas a la estructura legal de la firma sin detenerse a considerar las ventajas y desventajas de cada estructura legal.

Es el objetivo de este capítulo suministrar al lector una correcta información de las diversas organizaciones legales existentes, bajo las cuales se operan las empresas o negocios.

En términos generales puede decirse que existen las siguientes formas legales de operar.

Negocio o empresa individual o unipersonal

Este es un tipo de empresa de la cual es dueño una sola persona quien es responsable con todos sus bienes o propiedades por cualquier deuda o reclamación. Usualmente el propietario individual debe mantener los libros contables que la ley requiere y estar registrado o inscripto en la agencia gubernamental correspondiente.

El operar la empresa bajo esta forma lleva implícito los siguientes beneficios:

1. Desde el punto de vista legal este tipo de negocio se crea y se liquida fácilmente, si bien es verdad que será necesario la obtención de ciertas licencias.

2. Unidad de mando y de acción. Con la propiedad, el control y la administración de la empresa combinados en la misma persona no existe la posibilidad de una división de mando.

3. La flexibilidad por parte del empresario para reaccionar rápidamente en casos de cambios bruscos en el mercado que puedan afectar negativamente a la empresa.

4. Un mínimo de regulaciones a las que hay que hacerle frente. En términos generales puede decirse que la empresa individual, debido a su pequeño tamaño y limitado potencial económico, no está obligada a cumplir ni está sujeta a las regulaciones que usualmente afectan a las Compañias y Sociedades.

Sin embargo, es importante que el empresario reconozca una serie de limitaciones y desventajas que conlleva el operar bajo la forma de propietario individual.

1. Responsabilidad ilimitada. El dueño tiene que estar preparado a satisfacer las deudas de la empresa con todos sus bienes y recursos personales en caso de que el negocio sea incapaz de hacerle frente a las deudas.

2. Limitaciones en el volumen y cantidad de capital. El capital generalmente está limitado al invertido por el dueño de la empresa. Esto puede representar serios problemas al crecimiento futuro de la firma.

3. Falta de continuidad en caso del deceso o incapacidad del dueño. Una enfermedad del empresario que le impida participar activamente en la dirección del negocio afectará las operaciones de éste.

Sociedades mercantiles colectivas

Existe un tipo de organización que es creado cuando dos o más individuos se juntan y deciden combinar recursos — trabajo y talento. El nombre legal de este tipo de empresa varía en algo según el país donde opere. En Venezuela existen dos tipos, la Sociedad en Nombre Colectivo y la Sociedad en Comandita. En Perú existe la llamada Sociedad Colectiva y la Sociedad Civil, diferenciándose la

Civil de la Colectiva principalmente en que la Civil no tiene que ser establecida con el objetivo de participar en actividades comerciales y en que el acuerdo de constitución de la entidad es inscripto en un Registro Civil en vez del Registro Mercantil. En México tenemos la Sociedad en Nombre Colectivo y la Sociedad en Comandita Simple. En Colombia y los países de Centro América encontramos Sociedades Colectivas y la Sociedad en Comandita, la diferencia principal existente entre las Sociedades Colectivas y la Sociedad en Comandita es que en el caso de la Sociedad en Comandita participan socios con responsabilidad limitada y con responsabilidad ilimitada. Los socios con responsabilidad limitada no pueden tomar parte en la representación y administración de la firma y sus responsabilidades están limitadas al capital aportado. Usualmente debe de haber por lo menos un socio con responsabilidad ilimitada. El elemento principal que distingue a la Sociedad Colectiva es que todos los socios tienen responsabilidad ilimitada.

El acuerdo inicial de los socios creando la entidad, usualmente es conocido como Escritura de Constitución bien sea de Sociedad Colectiva, o en Comandita, el cual tiene que ser inscripto o registrado en el registro correspondiente. En términos generales, la escritura o acuerdo de constitución de la entidad debe de contener la siguiente información: nombre y domicilio de los socios, nombre de la firma, objeto de la sociedad, fecha del comienzo y término, nombre de los socios autorizados para actuar y para firmar en nombre de la sociedad.

Este tipo de organización legal tiene una serie de ventajas tales como:

1. Una combinación de recursos, trabajo o talento que permite a la sociedad competir más favorablemente en el mercado. Este tipo de estructura facilita el que individuos con diferentes tipos de talento y de especializaciones se junten para emprender un negocio.

2. El tipo de organización es relativamente simple y de un alto grado de equidad, ya que cada socio sabe que el triunfo de la empresa se deberá en parte al esfuerzo personal que haga cada uno y que a medida que el negocio progrese y los ingresos netos aumenten, él será recompensado de acuerdo con lo pactado en la Escritura de Constitución.

3. División del trabajo y de la administración de la empresa. Cada socio podrá dedicar su esfuerzo y talento en aquellas áreas del negocio, en la cual es un especialista. También el peso de la administración y el número de actividades que conlleva operar un negocio, puede ser compartido y distribuido entre los socios.

CARL A. RUDISILL LIBRARY
LENOIR RHYNE COLLEGE

4. Un mínimo de regulaciones y de impuestos. Tanto una Sociedad Colectiva como una Sociedad Comandita están sujetas a menores regulaciones que las compañías anónimas.

Entre las desventajas más notables de este tipo de organización legal, tenemos las siguientes:

1. Responsabilidad ilimitada. Como explicamos anteriormente en la Sociedad Colectiva, todos los socios están sujetos al concepto de responsabilidad ilimitada, teniendo en caso necesario que responder a los acreedores de la sociedad con sus recursos personales en caso de incapacidad de la empresa de hacerle frente a sus obligaciones. En la Sociedad Comandita, por lo menos uno de los socios tendrá responsabilidad ilimitada. La responsabilidad ilimitada que caracteriza estas sociedades obliga a los socios, aunque éstos no tengan conocimiento de los actos del socio o de los socios.

2. La muerte de algún socio produce la disolución de la sociedad automáticamente. Asímismo, la existencia de la sociedad puede terminar en el supuesto de incapacidad o demencia de uno de los socios. En parte esto puede ser previsto y acordado por medio de algún acuerdo previo que establezca que los socios sobrevivientes puedan adquirir la participación del socio fallecido.

3. Dificultad en mantener buenas relaciones entre los socios. Uno de los aspectos más difíciles de una sociedad en la cual participan varios socios, es la de las relaciones humanas. Debe tenerse en cuenta, que si bien la igualdad de los socios es simple en teoría, ella es muy difícil en la práctica, ya que la división de autoridad y de responsabilidad no es siempre igual entre los socios.

4. Cada socio es responsable por los actos de cada uno de los otros socios.

5. Problemas potenciales en el momento de liquidar la sociedad. A menos que en la escritura de constitución se haya especificado en una forma detallada la manera de liquidar la sociedad y la forma en que los activos de la empresa han de ser valorados y distribuidos, pueden crearse grandes diferencias y mal entendidos entre los socios.

Sociedades y Compañías Anónimas (Corporaciones)

La *Compañía* o *Sociedad Anónima* es una entidad que se forma por acciones, con responsabilidad circunscrita al capital que éstas representan y, como tal, se consideran una persona jurídica con plena capacidad para realizar transacciones de negocio, contratar, tener título de propiedad real y establecer demandas.

El proceso de formación de una sociedad anónima es más complejo que el de la formación de los otros tipos de organizaciones legales. La cantidad mínima de personas que se requieren como accionistas varía de país en país. En todo caso, el procedimiento y los pasos requeridos para la formación está regulado por las leyes y requiere el empleo de un abogado.

La característica que distingue a la sociedad anónima es la limitación de la responsabilidad de los accionistas. La responsabilidad de éstos está limitada a la cantidad invertida en la empresa. En los países de Centro América el nombre genérico de este tipo de organización es Sociedad Anónima, empleándose también las siglas S.A. En la República Dominicana es C. × A. (Compañía por Acciones). Las acciones de capital pueden ser nominativas o al portador, y en ambos casos son transferibles. Las Sociedades Anónimas pueden emitir más de un tipo de acción. En Venezuela tenemos la Compañía Anónima (C.A.) o Sociedad Anónima (S.A.) y en Brasil, Perú, Colombia, México y Argentina la llamada Sociedad Anónima.

La constitución de la sociedad o compañía anónima, se hace por medio de un documento llamado *escritura de constitución de la compañía*, este documento tiene que ser suscrito por los accionistas que constituyen la compañía —el número de los cuales varía según el país de que se trate— y normalmente contendrá la siguiente información:

1. Nombre y domicilio de la Sociedad o Compañía.
2. Lugar donde la compañía ejerce su negocio.
3. Objeto o tipo de negocio.
4. Nombre y domicilio de los accionistas.
5. Capital suscrito y capital pagado.
6. Número y valor de las acciones, y si éstas son registradas (nominativas) o al portador, y si son convertibles de una a otra forma.
7. Valor dado a una inversión que no haya sido pagada en efectivo.
8. Cualquier tipo de beneficio especial conferido a los fundadores.
9. Número de directores con expresión de sus deberes y poderes.
10. Poder de los accionistas en las reuniones de accionistas.
11. Reglas relativas a la preparación de los estados financieros y la forma de calcular y distribuir las utilidades.

La compañía o sociedad anónima, tiene una serie de ventajas excepcionales que hacen de ella, un tipo de organización legal muy común. Entre las ventajas podemos mencionar las siguientes:

1. La corporación se constituye como una entidad legal con personalidad independiente de la de los accionistas.

2. La responsabilidad de los accionistas está limitada a su inversión en la compra de las acciones.

3. La continuidad de la vida de la empresa está asegurada, ya que la muerte o incapacidad de alguno de los accionistas no determina la disolución legal de la organización.

4. La posibilidad de obtener recursos adicionales por medio de venta de acciones al público se hace factible.

5. La facilidad con que se transfiere la propiedad de las acciones hace que éstas sean vendibles fácilmente sin necesidad de costosos trámites legales.

Entre las desventajas podemos enumerar las siguientes:

1. Los requisitos legales y formales que hay que cumplir para la constitución de la empresa, y la posterior operación de la misma.

2. La difícil situación en que quedan colocados los accionistas minoritarios cuando otro grupo con mayoría de acciones adquiere el control de la compañía.

La Sociedad de Responsabilidades Limitadas. (S.R.L.)

Esta es un tipo de entidad legal que posee las características de la Sociedad Anónima y la de la Sociedad Colectiva. Tiene personalidad jurídica y por lo tanto capacidad para realizar negocios, poseer título de bienes raíces, entrar en contratos, demandar y ser demandada. Es un tipo de organización que se encuentra en los países centroamericanos, México, Venezuela, Colombia, Argentina y Perú. Las características específicas varían de país a país de manera que el lector deberá asesorarse de un abogado antes de adoptar este tipo de entidad legal.

Otras formas legales

Anteriormente hemos mencionado las formas legales más comunes en los países centro y suramericanos; pero existen otras formas legales en ellos que a continuación en forma breve mencionaremos. Argentina; Sociedad Mixta, Sociedad Anónima con Mayoría de Capital Estatal, Agencia; Perú; Asociación en Participación, Sociedad Civil; Colombia; Asociación de Cuentas en Participación, Sociedad de Capitalización, Cooperativas; México; Asociación en Participación; Sociedad Cooperativa, Sociedad Anónima de Capital Variable; y en Venezuela; Sucursal, Asociación en Participación. Cada una de estas formas legales de operar tiene características diferentes, y es por ello que el propietario debe asesorarse adecuadamente antes de escoger el tipo de sociedad, compañía u organización legal con que va a operar sus negocios.

Puerto Rico

En el Estado Libre Asociado de Puerto Rico existen los siguientes tipos de organizaciones legales:

La corporación que es una entidad similar a la compañía o sociedad anónima, común en los países de la América Latina y que ya hubimos de tratar en una sección anterior de este mismo capítulo. Las corporaciones se forman por acciones. En ellas la responsabilidad es limitada, se circunscribe al capital invertido y como tal se considera una persona jurídica con plena capacidad para realizar transacciones de negocios, contratar, tener títulos de propiedad, establecer demandas etc.

Existen otros tipos de entidades legales con características de corporación tales como la Corporación Cerrada, la Corporación que no tiene facultad para emitir acciones de capital, la Sociedad comanditaria y la Sociedad comanditaria por acciones.

La corporación cerrada es aquella que está impedida legalmente de admitir nuevos accionistas en exceso de un número máximo, que sus incorporadores fijan. Es en el certificado de incorporación donde se limita a un máximo de once el número de accionistas que dicha entidad puede tener.

La corporación que no tiene facultad para emitir acciones de capital es la que generalmente es empleada por organizaciones caritativas, fundaciones no lucrativas e instituciones educacionales.

Las sociedades comanditarias son aquellas en las que participan socios con responsabilidad limitada con socios con responsabilidad ilimitada. En Puerto Rico la ley llama socios comanditarios a los que sólo asumen responsabilidad limitada y se les asignan el nombre de socios colectivos a los que se encuentran en situación contraria.

La entidad en la cual todos los socios tienen responsabilidad ilimitada es la Sociedad Regular Colectiva.

La Sociedad en Comandita está compuesta por socios generales que están activamente en el negocio y que tienen responsabilidad ilimitada y socios limitados o especiales a los que les está prohibido participar en la administración u operación de la sociedad y que tienen su responsabilidad limitada a lo contribuido a la sociedad.

Por último, entre otras formas legales existen el negocio indi-vidual, las asociaciones cooperativas, la agencia, la sucursal y la aso-ciación en participación.

Estados Unidos

En los Estados Unidos existen tres tipos de formas legales de organización: el propietario individual, la sociedad colectiva (part-nership) y la corporación.

En adición existen las llamadas "Subchapter S Corporations" o corporaciones de pequeños negocios. En un intento por ayudar a los pequeños negocios en los Estados Unidos el Congreso agregó el "Sub-chapter S" al código de impuesto sobre la renta. El "Subchapter S" permite que bajo ciertas condiciones una corporación pague sus im-puestos como si fuera una sociedad colectiva (partnership) o una en-tidad individual (proprietorship).

Quiebra y disolución de la empresa

Cualquier tipo de empresa se termina por medio de la disolución o de la quiebra de ella. Técnicamente puede decirse que cuando una empresa cesa sus operaciones por falta de liquidez y está en estado de insolvencia, se está frente a una situación de quiebra. Este es el caso típico de la empresa que no puede cumplimentar sus obligacio-nes con sus acreedores. Cuando la empresa cesa o termina sus opera-ciones en estado de solvencia, habiendo cumplimentado sus obligacio-nes con sus acreedores se está frente a un caso de liquidación o de disolución, según sea un comerciante individual, o sea una sociedad o compañía.

En términos generales el orden de prioridades para el pago de las reclamaciones a la empresa será el siguiente:

1. Pago de salario a los empleados.
2. Pago de las obligaciones fiscales pendientes.
3. Pago de cualquier tipo de adeudo a los acreedores de la em-presa.
4. Distribución del resto del capital líquido a los dueños de la empresa.

SUMARIO

1. La decisión relativa al tipo de organización legal que la empresa ha de adoptar deberá de ser hecha por el empresario únicamente después de haber consultado con su abogado y contador.
2. Los tipos de formas legales más comúnes son el negocio o em-presa individual o unipersonal, las sociedades colectivas, las so-

ciedades comanditas, las sociedades anónimas y las sociedades de responsabilidad limitada.

3. Unidad de mando, independencia y flexibilidad de decisión son algunas de las ventajas que la empresa individual o unipersonal posee.

4. Responsabilidad ilimitada y falta de continuidad en caso de la muerte del dueño son algunas de las desventajas que sufre la empresa unipersonal o individual.

5. Las sociedades Colectivas facilitan la combinación de talentos, trabajo y especialidades de los diferentes socios.

6. La escritura de constitución de la sociedad colectiva o de la sociedad en comandita debe contener el nombre y domicilio de los socios, el nombre de la firma, objeto de la sociedad, fecha del comienzo y término y los nombres de los socios autorizados a actuar y firmar a nombre de la sociedad.

7. Las sociedades y compañías anónimas se caracterizan porque los accionistas tienen responsabilidad limitada.

8. La sociedad anónima tiene entre otras cosas las siguientes ventajas: continuidad, facilidad de adquirir capital adicional y facilidad en la transferencia de capital.

9. En caso de quiebra y disolución de una empresa, los recursos disponibles serán empleados en pagar las obligaciones siguiendo el siguiente orden de prioridad: salario de los empleados, obligaciones fiscales, acreedores de la empresa.

Preguntas de repaso

1. ¿Cuáles son las principales formas de organizaciones legales disponibles?

2. ¿Qué ventajas y desventajas ofrece la empresa individual?

3. ¿Qué diferencia básica hay entre la sociedad colectiva y la sociedad en comandita?

4. ¿Qué ventajas y desventajas ofrece la sociedad colectiva?

5. ¿Por qué es tan popular la sociedad anónima?

6. ¿Qué ventaja y desventaja ofrece este tipo de organización legal?

7. ¿Qué diferencia hay entre quiebra y disolución?

8. ¿Qué elementos deben de ser incluidos en la escritura de constitución de una sociedad colectiva?

9. ¿Qué elementos de juicio deben de ser tomados en cuenta en la decisión relativa a la organización legal a escoger?

BIBLIOGRAFÍA

CAPÍTULO 9

Anderson, Ronald A., Walter A. Kumpf. *Business Law*. Cincinnati: South Western Publishing Co., 1968.

Carey Michael, Melton Kelner. *Principles of Contract Law,* 1950.

Earnest & Earnest. *Characteristics of Business Entities*. Earnest & Earnest, 1973.

Soltero Peralta, Rafael. *Derecho Mercantil*. 5ta. ed. Cincinnati: South-Western Publishing Co., 1973.

CAPÍTULO X

GERENCIA Y ADMINISTRACIÓN. FUNCIONES DE GERENCIA

Este capítulo tratará de poner en contacto al lector con una serie de procedimientos y métodos de administración que le permitirán operar y dirigir su pequeña empresa en la forma más eficiente que sea posible, y al mismo tiempo asegurar la supervivencia de ésta dentro del mercado que sirve.

La amplia mayoría de los estudios que tratan las causas del fracaso de las pequeñas empresas señalan la falta de una adecuada administración como la razón principal del cierre de éstas, lo que demuestra la importancia que tiene para el empresario el desarrollar dentro de la empresa un sistema de administración adecuado que le permita hacer frente a los múltiples problemas internos y externos que día a día tiene que enfrentar la organización que dirige.

Si observamos el "modus operandi" de los administradores de empresa, veremos que podemos distinguir tres tipos de métodos de dirigir las empresas; primero aquel que pudiéramos llamar "el intuitivo" donde las decisiones se basan generalmente en la intuición. Este procedimiento hace uso de pocos o de ningún principio de gestión o administración, por lo que el empresario se ve forzado a tomar decisiones sin tener a su disposición un análisis detallado de la situación. Son pocos los que en el mercado altamente competitivo de hoy pueden sobrevivir mucho tiempo bajo este régimen de gestión.

El segundo método de gestión pudiéramos llamarlo el de la administración "sistemática" de la empresa. Este método se caracteriza por el empleo de procedimientos de gestión en el área de producción y contabilidad. Es un intento de sistematizar en forma de rutina aquellas prácticas administrativas que han probado ser satisfactorias en el pasado. Sin embargo, hay que reconocer que este método no va más allá del estudio de dichas prácticas y no intenta descubrir qué leyes y principios de administración son las que gobiernan en cada situación.

La aplicación del concepto de sistema a la administración de la empresa resultará en una forma de operar muy superior al del método de "intuición"; pero aun así, no provee al dueño de la empresa con un adecuado medio de control al faltar los principios de gestión que pudieran actuar como stándares.

El tercer método de administración es el llamado "científico" y es aquel que está basado en una serie de principios de gestión que permiten al empresario dirigir la empresa y hacerle frente a los problemas modernos que ella afronta y que son esencialmente dinámicos. Bajo el método de administración científico, la resolución de los problemas y la dirección de la empresa no está basada en la posición de autoridad del dueño de la empresa o en decisiones basadas en intuición, sino en principios de gestión ya establecidos.

Principios de administración

Podemos definir un principio en términos generales como la base, el fundamento, el origen, la razón fundamental sobre la cual se procede a discurrir en cualquier materia.

En el caso de los principios de administración, podemos catalogar dichos principios como principios "operacionales" y la presunción es que en el caso de empresas pequeñas si dichos principios son aplicados en forma uniforme a través del tiempo esto llevará a una administración más eficiente de la empresa, y a que los objetivos previamente seleccionados sean más fácilmente alcanzados.

La correcta y uniforme aplicación de los principios de administración:

1. Evita conflictos entre individuos debido a problemas de jurisdicción.

2. Evita la duplicación del trabajo.

3. Facilita la adecuada y justa evaluación del trabajo realizado.

4. Facilita la adecuada expansión de la empresa en una forma controlada.

5. Clarifica el uso adecuado de los canales de comunicación dentro de la empresa.

6. Establece una clara designación de autoridad y responsabilidad en cada puesto de mando.

7. Estimula cooperación y facilita la comunicación dentro de la empresa.

8. Hace la dirección de la empresa más fácil y permite más flexibilidad en la toma de decisiones.

A continuación se relacionan los principios básicos que el autor estima adecuados para la dirección de una empresa pequeña.

Principio de objetivos

La existencia de objetivos previamente seleccionados es un requisito para la determinación de cualquier curso de acción a tomar, por lo que deben estar claramente definidos y a su vez deben ser bien comprendidos por todos los miembros de la organización.

Principio de planificación y factibilidad

Para diseñar un plan efectivo es necesario obtener todos los datos pertinentes y con la información obtenida alcanzar una armonización balanceada entre lo que es deseable, de acuerdo al objetivo o finalidad, y lo que es posible, de acuerdo a las circunstancias concretas de la situación y los recursos de que dispone la empresa.

Principio de control

Para que el control sea más efectivo, debe formar parte y regular las actividades futuras de la empresa. El proceso de control asegura que las actividades realizadas estén de acuerdo con los planes previamente desarrollados.

Principio de división de trabajo

La magnitud y complejidad de todo trabajo requiere que éste sea separado en varias partes. Un solo empleado no debe asumir la totalidad de la responsabilidad del trabajo, ya que el tiempo que demoraría completarlo sería muy largo y los costos muy altos. La división del trabajo lleva a la especialización, y la especialización aumenta la productividad del empleado.

Principio de autoridad y responsabilidad

Una adecuada organización de la firma requiere que a los puestos de mando se les delegue una cantidad de autoridad que sea proporcional al grado de responsabilidad que éstos tengan.

Principio de la unidad de dirección

Cada miembro de la empresa debe recibir instrucciones relativas a un trabajo en particular de un solo superior. La unidad de dirección y de acción se alcanza a través de un centro de mando único.

Principio de delegación

El proceso de administración se facilita cuando cierto grado de autoridad y responsabilidad es transferido a los subordinados, a los efectos de que algunas de las decisiones sean tomadas por ellos. La aplicación de este principio releva al dueño de tener que tomar todas las decisiones, permitiéndole dedicar más tiempo a las funciones de organización, planificación y control.

Principio de la continuidad administrativa

La estructura de la organización debe ser diseñada no solamente para hacerle frente a las actividades presentes, sino también para el mañana. Esto implica que debe de existir estabilidad en la estructura de la organización y debe también de existir un mecanismo que permita a dicha organización ajustarse a cualquier cambio de personal, sin tener que sufrir pérdida de eficiencia y efectividad.

Principio de relaciones humanas

Los empleados y miembros de la empresa realizan un mejor trabajo cuando son considerados y tratados como seres humanos.

Principio de la óptima cantidad de subordinados que pueden ser eficientemente supervisados

Existe un límite en el número de subordinados que un superior puede dirigir eficientemente. Este principio se ha dicho que es aplicado adecuadamente, cuando se supervisan entre siete y doce empleados directamente, dependiendo del entrenamiento de los mismos, la capacidad del superior y de la naturaleza del trabajo de que se trate.

No queremos dejar esta sección sin aclararle que existen otros principios administrativos, que no hemos enumerado ni definido, ya que creemos que los mencionados anteriormente son a nuestro entender aquellos de mejor aplicabilidad a empresas pequeñas, siendo otros, tales como el de especialización, el de simplificación, el de productividad individual, el de homogeneidad, etc., más aplicables a empresas de mayor tamaño.

Funciones de gerencia

Al estudiar la administración de una empresa es necesario considerar esta gestión por parte del dueño, no como algo estático, sino como un proceso dinámico. Esto facilita mucho el análisis, ya que permite que dicha actividad sea subdividida en términos de varias funciones. Dichas funciones son cuatro: la de planificación, la de organización, la de dirección y la de control.

Planificación

Por función de planificación se entiende la selección de objetivos y la formación de una política administrativa, así como las reglas y procedimientos que reflejen dichos objetivos.

En toda empresa existen tres tipos de planes: planes a corto plazo, planes a largo plazo y planes estratégicos.

El típico plan a corto plazo de una empresa tiene que ver con la temporada que comienza y envuelve usualmente las necesidades de mercancía que habrá que tener a mano, así como los gastos inmediatos y la cantidad de efectivo necesario para cubrir dichos gastos.

El período de planificación a corto plazo es usualmente de seis a doce meses.

Tanto en el caso de fabricantes, como en el de detallistas y mayoristas, el punto de partida para la planificación a corto plazo es el estimado del volumen de ventas que se cree posible alcanzar durante el año o temporada que comienza.

Una vez que hemos estimado el volumen de ventas, el segundo paso es la determinación del inventario de mercancía que hay que tener a mano para hacerle frente en forma satisfactoria al volumen de ventas previamente pronosticado. Los niveles de inventario deberán ser estimados para cada primero de mes.

El volumen de mercancía que hay que comprar para reemplazar al vendido —en firmas detallistas o mayoristas— o el que habrá que fabricar en caso de tratarse de firmas manufactureras es una cantidad que se deriva de la siguiente ecuación: inventario final que se desea tener a mano + volumen de ventas pronosticadas + rebajas planeadas —— inventario inicial = al volumen de mercancía a precio de venta que deberá ser recibido durante el siguiente mes o período.

Tanto el presupuesto de gastos, como el presupuesto de efectivo y el estado de flujo de efectivo, serán tratados a fondo en el capítulo XII. Basta decir por el momento, que son instrumentos de esencial importancia y no deben de faltar en ningún plan relativo al futuro de la empresa.

Los planes a largo plazo tratarán: primero, anticipar o pronosticar las condiciones ambientales futuras y que pudieran afectar a la empresa. Segundo, ayudarán al empresario a determinar los cambios necesarios que tendrá que sufrir la empresa, a los efectos de poderse enfrentar en una forma más satisfactoria a los cambios detectados en el párrafo primero.

La planificación estratégica va más allá del simple intento de detectar futuros cambios ambientales, ya que trata de cuestiones tan vitales a la supervivencia de la firma como:

1. La penetración de un nuevo mercado.
2. La apertura o el cierre de una sucursal.
3. La introducción de un nuevo producto.

Organización

Por función de organización se entiende, el eficiente diseño de la estructura vertical y horizontal de la empresa con las correspondientes descripciones de cada posición a desempeñar, incluyendo la necesaria autoridad y responsabilidad asignada a cada una de dichas posiciones.

El crecimiento de la estructura de la empresa se produce a lo largo de dos ejes, uno vertical y el otro horizontal, como consecuencia lógica de la división del trabajo.

El desarrollo vertical de la firma da origen a la cadena de mando y a las diferentes jerarquías con la correspondiente delegación de autoridad y responsabilidad en los diferentes niveles de mando.

La expansión horizontal de la estructura de la empresa se produce a través de la división de la firma en área de especialización, tales como el de venta, producción, etc. Cuando se produce esta división de la empresa se observa, que aquellas actividades que son homogéneas tienden a ser agrupadas dentro de departamentos individuales.

Es de fundamental importancia en el proceso organizativo, el análisis detallado de cada posición dentro de la empresa, así también una descripción detallada de los requisitos del puesto. Esta descripción será de gran ayuda más tarde, cuando llegue el momento de seleccionar al hombre idóneo para dicha posición. Entre los puntos a estudiar en una descripción adecuada están los siguientes: a) La definición de la autoridad y responsabilidad en una forma clara y precisa, b) El dejar aclarado a quién debe de reportar y obedecer la persona que ocupe el puesto, c) El tipo de educación o pericia requerido para el puesto.

Dirección

Por función de dirección se entiende, el asegurarse de que las actividades que se llevan a cabo en la empresa sean realizadas competentemente. Esto requiere que el empresario emita órdenes, ofrezca instrucciones, establezca reglas y procedimientos con el objetivo de coordinar en forma eficiente los trabajos individuales llevados a cabo por los empleados desde las respectivas posiciones.

El empresario inteligente es aquel que lleva a cabo esta función, teniendo en cuenta el punto de vista de sus subordinados y manteniendo en todo momento las líneas de comunicación abiertas con ellos. La característica esencial de este proceso de consulta y asesoramiento constante de parte del patrono, es que el dueño o empresario tendrá en cuenta los consejos e ideas de sus subordinados en cuestiones de importancia, antes de tomar una decisión o emitir una directiva final.

Las órdenes o instrucciones emitidas por el empresario a sus empleados deben de tener las siguientes características:

1. Ser claras.
2. Ser razonables.
3. Ser entendibles por parte del empleado.
4. Ser compatibles con los objetivos de la empresa.
5. Especificar el período de tiempo dentro del cual debe de ser llevada a cabo.
6. Explicar al empleado la razón de la orden.

Es importante tener en cuenta el tono de voz con que la orden es dada. En algunos casos un tono autoritario puede ser el más efectivo, en otras circunstancias, la orden puede ser dada a tono de sugerencia o como una pregunta.

Control

Por último, la función de control se lleva a cabo mediante una constante evaluación de las actividades realizadas, los resultados de las cuales son comparados con planes previamente diseñados.

A los efectos de asegurarse el empresario de que el control está siendo ejercido correctamente, debe sistematizarse esta función alrededor de tres factores básicos: primero, determinación de ciertos estándares, los cuales son plasmados en cuotas de producción o de ventas, costos de producción, tiempo que es permisible para llevar a cabo la cuota de producción, presupuestos en general, etc. Los stándares representan el criterio que será aplicado a los resultados reales de producción y venta por lo tanto deben ser tangibles y el producto de estudios detallados por parte del dueño. Es importante la participación de los subordinados en la determinación de los stándares.

El segundo aspecto de la función de control tiene que ver con la constante supervisión y evaluación de los resultados obtenidos. Esta evaluación o supervisión deberá ser hecha, ya por medio de una observación directa o a través de reportes periódicos preparados para el empresario.

El tercer factor es el de acción correctiva a los efectos de que cualquier desviación detectada sea de carácter temporal. Esta acción correctiva puede ser llevada a cabo, por medio de entrenamiento adicional de los empleados, mejoría de métodos de trabajo usados, abriendo canales de comunicación adicionales, etc.

Reclutamiento y entrenamiento del personal

Uno de los aspectos de más importancia en la administración de una empresa es la de la selección y reclutamiento, seguido por el posterior entrenamiento del personal. Una firma que aspire a tener estabilidad interna, debe, desde el principio, establecer una política administrativa relativa al personal que tenga en cuenta el progresivo entrenamiento del personal apto, de manera que el mismo esté en posición de asumir responsabilidades adicionales tan pronto el negocio lo demande. Esta misma política administrativa tratará de anticipar aquellas situaciones relativas al personal, que normalmente ocurren en el curso de la vida de la empresa. Es por eso, que se deben establecer procedimientos, reglas, etc., para hacerle frente a dichas situaciones, en vez de tratar cada una de ellas como casos especiales. Cuestiones relativas a salarios, ausencias, promociones, vacaciones, descuentos, cesantías, etc., deben pues, ser objeto de un estudio cuidadoso por parte del empresario.

A medida que los recursos de la empresa lo permitan, programas de entrenamiento para la superación del personal deberán de ser establecidos.

Reclutamiento

El primer paso en el proceso de reclutamiento de un empleado, es el tener una idea exacta del tipo de trabajo que éste ha de realizar. La clase de trabajo y los requisitos que la posición demanda y que deben de estar fielmente reflejados en una descripción detallada del puesto, le permitirán al empresario desarrollar un criterio sólido de las cualidades o el perfil que el empleado debe tener. Las características del empleado potencial, así como la experiencia que éste ofrece, deben ser comparadas con los requisitos del puesto.

La mecánica del reclutamiento consiste en cuatro fases bien diferenciadas:

1) El empleado potencial deberá llenar una solicitud de empleo, la cual, como mínimo, constará de las siguientes partes:

a) Nombre y dirección del solicitante.

b) Datos personales — familia, salud, etc.

c) Empleos previos durante los últimos cinco años.

d) Educación.

e) Cinco referencias de personas que lo conozcan bien.

2) Esta etapa consiste en la entrevista personal. En esta oportunidad, el empresario, después de haber revisado la solicitud de trabajo, tiene la oportunidad de conversar con el aspirante y hacerle una serie de preguntas relativas a la experiencia adquirida en los trabajos anteriores. El entrevistador deberá discutir y explicar los detalles del puesto, tales como las condiciones de trabajo, salario, etc. Es justo e importante que al candidato se le indique si el puesto es de carácter permanente o no.

3) En esta fase es donde se toma la decisión de si se emplea o no al candidato. Es aquí donde la experiencia y juicio del empresario entran en juego. La decisión pudiera ser relativamente difícil si son varios los aspirantes al puesto. De todas formas la selección del empleado siempre envuelve cierta incertidumbre, ya que no hay un método seguro de predecir con seguridad cómo un individuo ha de comportarse en su puesto, una vez que ha sido empleado.

4) Esta última fase tiene que ver con el entrenamiento y el desarrollo del máximo potencial del empleado.

Es importante que durante las primeras semanas el empresario dedique parte de su tiempo al nuevo empleado, a los efectos de darle una adecuada orientación.

Las fuentes de donde se pueden obtener empleados son las siguientes:

1. Anuncios en los periódicos.

2. Anuncios a través de abastecedores.

3. Peticiones a las agencias de empleos.

4. Empleados de la propia firma pueden sugerir nombres.

5. Anuncios a través de la radio.

Entrenamiento

El entrenamiento del personal tiene dos objetivos: El de hacer al trabajador más eficiente en el trabajo que realiza y el de prepararlo para asumir más responsabilidades, inclusive la de supervisar cuando surja la necesidad.

Hay que reconocer que no todos los empleados tienen madera de supervisores; pero todos sí deben de tratar de mejorar su efectividad en el trabajo, para el cual fueron originalmente contratados. Solamente aquellos subordinados que ofrezcan un potencial suficiente para ser supervisores y además muestren lealtad al empresario, así también a la firma, son los que se les deberá dar oportunidades iniciales de promoción.

Relaciones humanas

Un aspecto que el empresario ha de tener en cuenta desde el momento de la creación de la pequeña empresa, es la de las relaciones humanas tanto entre el superior con los subordinados así como entre los subordinados mismos.

La forma en que el dueño trata a sus empleados es en realidad un reflejo de las presunciones y suposiciones que el empresario tiene en relación a sus subordinados.

Así vemos, que el profesor Douglas McGregor del Instituto Tecnológico de Massachussetts, escribió un libro excepcional titulado "The Human Side of Enterprise". En dicho libro, el profesor McGregor enunció dos teorías que intentaban reflejar las actitudes, presunciones y suposiciones, que el supervisor tiene en relación a sus empleados y que se traducían en formas diferentes de comportarse el supervisor vis a vis a sus empleados. Una de las teorías fue llamada X y la otra Y.

Las presunciones y suposiciones básicas sobre las que ha sido construida la Teoría X son las siguientes:

1. El humano promedio siente poco deseo por el trabajo y lo evitará si puede.
2. Debido a que no les gusta trabajar, a la mayoría de las personas hay que obligarlas, controlarlas, dirigirlas y amenazarlas con castigos para hacer que trabajen.
3. El humano típico prefiere ser dirigido por lo que decide evitar asumir responsabilidades, así también tiene relativamente poca ambición y desea seguridad sobre todo lo demás.

Las presunciones y suposiciones básicas sobre las que ha sido construida la Teoría Y son las siguientes:

1. El esfuerzo físico y mental invertido en el trabajo es tan natural como el invertido en jugar o descansar.

2. El uso de control externo y la amenaza de castigos no son los únicos medios de obtener el esfuerzo del empleado en pos de los objetivos de la organización. El hombre ejercitará autodirección y autocontrol en aras de los objetivos que trata de alcanzar.

3. El ser humano puede dirigirse a sí mismo y ser creativo en el trabajo si es apropiadamente motivado.

Aquellos empresarios que emplean la Teoría Y en sus relaciones con sus empleados, normalmente no ejercen una supervisión detallada del trabajo del empleado sino todo lo contrario, lo que tratan es que el empleado se desarrolle y progresivamente vaya asumiendo más iniciativa e independencia dentro del ámbito de su cargo en la empresa.

SUMARIO

1. Los estudios que tratan de investigar las causas de los fracasos y el cierre de la pequeña empresa, usualmente señalan la falta de una adecuada administración como factor principal.

2. Si observamos el modo de administrar empresas, veremos que podemos distinguir tres tipos de métodos; el intuitivo, el sistemático y el científico.

3. El método "científico" es aquel que está basado en una serie de principios de gestión y que permiten al empresario dirigir la empresa y hacerle frente a los problemas modernos que ellas afrontan.

4. Dos de los beneficios que podemos enumerar de la aplicación sistemática y consistente de los principios "operacionales", por parte del empresario son: a) prevención de conflictos entre empleados y b) facilitar la adecuada y justa evaluación del trabajo realizado.

5. El principio de control es aquel que asegura, que las actividades realizadas estén de acuerdo con los planes previamente desarrollados.

6. El principio de autoridad y responsabilidad requiere, que una adecuada organización permita que a los puestos de mando se les delegue una cantidad de autoridad que sea proporcional al grado de responsabilidad que estos tengan.

7. Las funciones gerenciales son las siguientes cuatro: planificación, organización, dirección y control.

8. Uno de los aspectos de más importancia en la administración de una empresa es la de la selección y reclutamiento, seguido por el posterior entrenamiento del personal.

9. Las relaciones humanas representan un primerísimo papel dentro de la organización de la empresa.

Preguntas de repaso

1. Compare los tres métodos de gestión descritos en el capítulo.

2. ¿Qué son los principios de administración?

3. Compare y contraste la función de planificación con la de control.

4. ¿Cómo afecta a la firma su crecimiento horizontal y vertical?

5. Compare y constraste la función de organización y la de dirección.

6. ¿Por qué son importantes las relaciones humanas en la empresa?

7. ¿Cuáles son las fuentes de donde se pueden reclutar empleados?

8. ¿Cuáles son las fases o etapas que se deben pasar antes de reclutar un nuevo empleado?

9. ¿Cuáles son los dos objetivos que se buscan en el reclutamiento de personal?

BIBLIOGRAFÍA

CAPÍTULO 10

Dessler, Gary. *Management Fundamentals, a Framework.* Reston: Reston Publishing Company, 1977.

Duncan, W. Jack. *Essentials of Management. Hinsdale.* The Dryden Press, 1975.

Haynes, W. Warren, Joseph L. Massie, Marc. J. Wallace, Jr. *Management Analysis, Concepts, and Cases.* 3ra. ed. Englewood Cliffs: Prentice-Hall, Inc. 1975.

Hodge, Billy J., Herbert J. Johnson. *Management and Organizational Behavior a Multidimensional Approach.* New York: John Wiley & Sons Inc., 1970.

Hodgetts, Richard M. *Management: Theory, Process and Practice.* Philadelphia: W. B. Saunders Company, 1979.

McCay, James T. *The Management of Time.* Englewood Cliffs: Prentice-Hall, Inc., 1977.

Pinilla, Antonio. *Administración, Ciencia de la Acción Directriz.* Publicación de la Universidad de Lima. Lima: Editoral Talleres Gráficos Quiroz, S. A., 1969.

Sisk, Henry L. Mario Sverdlik. *Administración y Gerencia de Empresas.* 2da. ed. Cincinnati. South-Western Publishing Co., 1976.

Voich, Dan Jr., Daniel A. Wren. *Principles of Management Process and Behavior.* 2da. ed. New York: The Ronald Press Company, 1976.

EL SEGURO, EL ASEGURADO Y LA PÓLIZA

Las compañías de seguros son las agencias especializadas, que se dedican a vender seguros al público. El *seguro* es la manera científica de protección para compartir los riesgos económicos. La función de una *compañía de seguros* es asumir cierto riesgo económico por una persona, y pagarle si la pérdida llegare a ocurrir. La persona por quien se asume el riesgo se le llama *asegurado*. Como evidencia de que el riesgo se ha asumido, la compañía de seguros le provee al asegurado un contrato llamado *póliza*. Esta establece las condiciones bajo las cuales, tanto el asegurador como el asegurado, han convenido para efectuar la protección contra el riesgo. Generalmente, el asegurado se compromete a cumplir con ciertas estipulaciones que le impone la compañía de seguros. Muchas de estas estipulaciones resultan en prohibiciones o abstenciones, como, por ejemplo, no guardar combustibles. A cambio de asumir el riesgo, la compañía de seguros le requiere al asegurado pagar determinada cantidad de dinero a ciertos intervalos. El período de pago puede ser cada seis meses, anualmente, cada trimestre, mensualmente y hasta en intervalos menores de un mes. La cantidad que paga el asegurado se conoce como la *prima*.

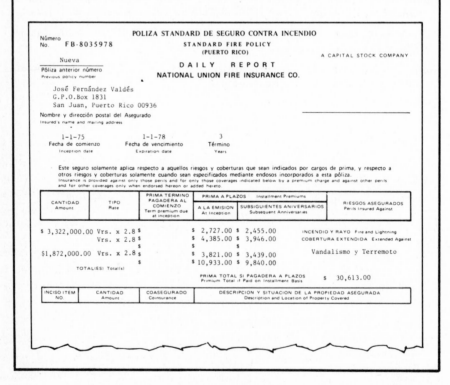

Reimpreso del libro **Principios de Comercio**, *Carmen I. Rodríguez de Roque, South-Western Publishing Co., 1975, p.161.*

CAPÍTULO XI

SEGUROS Y COBERTURA DE RIESGOS

Es algo relativamente común por parte del empresario responder en forma negativa cuando un agente de seguros se le acerca proponiéndole algún tipo de seguro para su empresa o para sí mismo. Este tipo de reacción no es ilógica, ya que en el caso de empresas pequeñas pocos son los recursos que en realidad están disponibles para otras actividades y programas que no sean los estrictamente necesarios a la operación de la firma.

Raramente y por excepción nos encontramos con un empresario con suficiente sentido de ponderación que sea capaz de hacer la mejor decisión sin usar los fondos en las perentorias necesidades del negocio o disponer de ellos para cubrir riesgos posibles, todo esto teniendo en cuenta las limitaciones con que generalmente se desarrollan la mayoría de los negocios de la pequeña empresa.

Lo primero que debe de hacer el empresario es identificar cuáles son los riesgos más comunes con que la empresa se enfrenta y establecer prioridades entre ellos.

El objetivo de este capítulo es familiarizar al empresario con los distintos tipos de seguros existentes y cómo establecer una lista de los riesgos más comunes que normalmente afectan a una empresa pequeña. Se le recuerda al lector que es de vital importancia que obtenga asesoramiento de dos o más agentes o empresas de seguro antes de tomar una decisión final. Existen diferentes programas de seguros, cuyos costos fluctúan grandemente, y es responsabilidad del empresario el familiarizarse con ellos y seleccionar aquel que más conviene a la empresa. En esta cuestión del seguro y de la cantidad que debe de ser gastada, no existen reglas precisas sino solamente recomendaciones de carácter general, que pueden ser aplicables en algunos casos e inaplicables en otros.

Riesgos más comunes

Entre aquellos riesgos que son asegurables y que a la vez son más comunes tenemos el de incendio, pérdidas por desastres naturales, responsabilidad civil, robo, fraude y las pérdidas sufridas por la empresa al ser interrumpidas sus actividades por un siniestro.

Riesgos de incendio

Un empresario realista tiene que considerar que las posibilidades de un fuego en el local donde está ubicada la empresa siempre existen y que de no existir un seguro adecuado al producirse el fuego las pérdidas en inventario, maquinarias, equipos de oficina y del propio local muy fácilmente pueden señalar el fin de la empresa.

Además del seguro contra incendio del cual hablaremos más adelante, el empresario debe tomar las siguientes tres medidas de carácter preventivo.

1. Establecer medidas de seguridad contra fuegos a través de una política administrativa con procedimientos y reglas específicas.
2. Situar estratégicamente extinguidores, mangueras o cubos de manera que estén al alcance del empleado más cercano en caso de fuego.
3. Establecer un programa de prevención de incendios entre los empleados. Específicamente, debe instruírsele a cada empleado de lo que habrá de hacer, en caso de fuego y el lugar donde están situados los extinguidores, mangueras y otros equipos contra fuego.

Es posible que el costo de la prima de seguro se abarate de existir un sistema de prevención eficiente dentro de los locales de la empresa.

Robos y fraudes

Podemos decir que la empresa pequeña es especialmente susceptible a pérdidas por robo y fraudes. Esto se debe a que su sistema de control y contabilidad normalmente no es muy eficiente y no detecta, con la rapidez necesaria, la existencia de fraude o de robo de mercancía.

No debe olvidarse que el robo puede ser realizado no solamente por los clientes, sino también por los propios empleados, y puede ser de mercancía o de efectivo.

Pérdidas debidas a desastres naturales

Inundaciones, huracanes, terremotos, etc., son otras fuentes potenciales de pérdidas para una empresa. En el caso de inundaciones, el daño causado a las maquinarias de una fábrica en donde los equipos y motores eléctricos queden bajo el agua pueden resultar desvastadores para una empresa pequeña.

Como quiera que estos tipos de riesgos caen dentro de aquellos que se denominan "actos de Dios" —fortuitos— por lo que son totalmente impredecibles, la mejor manera de cubrirse contra las pérdidas que ellos produzcan es mediante algún tipo de seguro.

Responsabilidad civil

Se puede decir, que el empresario es responsable por sus propios actos y por los actos realizados por sus empleados en actos propios del trabajo. En caso de accidentes sufridos por obreros de la empresa por razón de su actividad laboral dentro y fuera de los locales de la empresa o por los clientes dentro del ámbito de la empresa ésta pudiera ser responsable.

La forma de manejar las reclamaciones de carácter civil varían de un país a otro y no debe de olvidarse por qué es común en todos los países la responsabilidad ilimitada que tiene el propietario individual y los socios en la Sociedad Colectiva que se señaló en el Capítulo IX.

Tipos de seguros disponibles

Las principales clases de seguro que una empresa puede adquirir son los de: fuego, robo, responsabilidad civil, el de pérdidas debido al cierre, el de vida y las relacionadas con el automóvil, etc.

Seguros contra incendios

Las pólizas de seguro contra pérdidas originadas por fuego pueden cubrir tanto los bienes muebles como los inmuebles de la empresa, según sea el pacto de la póliza.

A la póliza de seguro contra incendio es común anexarles convenios para que cubran situaciones específicas, tales como la de huracanes, temporales, terremotos, explosión y la de disturbios civiles, etc.

Seguros contra robos

Es amplia la variedad de seguros contra robos, que pueden ser adquiridos por la pequeña empresa. Esta puede protegerse, no solamente contra personas ajenas al negocio, sino también contra robos y fraudes cometidos por los propios empleados.

Seguro contra las pérdidas debidas al cierre temporero

Este tipo de seguro paga las ganancias netas dejadas de percibir y los gastos incurridos, en caso de que la empresa tenga que cerrar sus puertas por cierto tiempo debido a un fuego, inundación u otro "acto de Dios". En este tipo de seguro la cantidad a recibir por parte del empresario sería la cantidad de ingreso neto que normalmente hubiera sido obtenido, y además aquellos gastos incurridos debido al siniestro.

Seguros de vida

Este es un tipo de seguro, que puede beneficiar no solamente a la empresa sino a la familia del desaparecido, de acuerdo a como se haya pactado.

Es posible que la firma asegure la vida de alguno de sus ejecutivos claves, teniendo como beneficiario a la empresa, para que con los recursos recibidos pueda la empresa ir a buscar un sustituto adecuado. En caso de sociedades colectivas puede pactarse que los socios sobrevivientes puedan utilizar el dinero recibido del seguro para adquirir el interés del socio muerto y que el negocio pueda continuar.

Seguros de automóvil

El seguro de automóvil puede cubrir robos del mismo, colisión, daños, etc. Casi siempre la parte del seguro que se refiere a la colisión tiene cierta cantidad deducible.

Otro de los aspectos del seguro de autos es el que se refiere a la responsabilidad civil de la empresa en aquellos casos en que un vehículo de la misma se vea implicado en un accidente.

Seguro de responsabilidad civil

El seguro de responsabilidad civil cubre los daños y perjuicios ocasionados por la empresa, sus dueños, ejecutivos, empleados y agentes de ella.

Cómo seleccionar un agente de seguros

Se había indicado al comienzo del capítulo que la selección del tipo de seguro que una empresa podía adquirir debía ser estudiada con detenimiento, dado los múltiples factores a tomar en consideración, tales como: recursos disponibles, lista de prioridades relativa a los diferentes riesgos existentes en el mercado, etc.

Es por lo que se acaba de decir que es muy conveniente que el empresario se asesore de un especialista en cuestiones de seguro a los efectos de escoger el seguro adecuado.

En caso de no conocer a algún agente de seguros de probada reputación, el empresario debe ponerse en contacto con su banquero, abogado o contador, e inquirir el nombre de alguno. También es importante que el empresario estudie la compañía aseguradora y se satisfaga que es sólida económicamente y que cumple sus obligaciones con sus asegurados rápidamente.

La obtención del seguro debe regirse bajo los siguientes principios

Son varios los principios que debe de tener en cuenta el empresario antes de suscribir una póliza de seguro por lo que a continuación se relacionarán.

1) Que el riesgo a cubrir sea de aquellos que suceden con frecuencia en las empresas, ya que en este caso siempre el número de los suscriptores de pólizas de dicho riesgo es muy elevado, y al funcionar la ley del promedio las primas resultan costeables. Por lo expuesto, a menos que existan gran número de empresas que posean seguros cubriendo el mismo riesgo, la prima sería incosteable.

2) Que la ocurrencia del siniestro deba ser causado por un acto fortuito, —un acto de Dios—, que esté más allá del control del asegurado. Quiere decir esto que la pérdida deba resultar de causas naturales y nunca producto de la intención del asegurado.

3) Que las pérdidas del siniestro tengan que poder ser objeto de valoración, es decir que su valor pueda ser medido en la moneda del país donde sucede la pérdida.

4) Que las pérdidas que conlleve el siniestro sean de una severidad que amerite la contratación del seguro.

Comentarios finales relativos a este capítulo

Ha habido empresarios que equivocadamente, en vez de pagar primas a compañías de seguro, han depositado el equivalente de la prima en el banco en una cuenta a nombre de la empresa. Lo expuesto constituye una política absurda y equivocada, ya que el objetivo básico de un seguro es el de ofrecer una cobertura relativamente grande a base de una prima pequeña.

Queremos enfatizar que un adecuado plan de seguro es tan importante para la empresa como lo son las buenas prácticas financieras y de mercadotecnia y que, al igual que estas otras áreas, una cobertura realista y suficiente no se alcanza sino únicamente a través de un estudio detallado, en el cual las alternativas existentes sean analizadas objetivamente.

Es muy fácil que el esfuerzo de toda una vida y un futuro brillante sean perdidos en pocos minutos debido a una catástrofe. Por eso es necesario que se tengan en cuenta todos los elementos de riesgo potencial. A los efectos de asegurarse de que la empresa está cubierta totalmente se deben de dar los siguientes pasos:

1. Averiguar las diferentes formas en que pueden surgir las pérdidas.
2. Establecer una lista de prioridad en cuanto a los riesgos potenciales. Aquellos riesgos que tienen la mayor probabilidad de ocurrir deben de ir al principio de la lista.
3. Siga las recomendaciones enumeradas y discutidas en este capítulo.
4. Obtenga asesoramiento profesional.

Finalmente, antes de comprar un seguro, investigue y estudie los métodos por medio de los cuales usted puede reducir el costo de la cobertura deseada, pero esté seguro que al hacer esto usted ha tenido en cuenta los siguientes puntos:

1. Los riesgos más probables y las pérdidas potenciales.
2. Los riesgos mayores.
3. Que usted ha obtenido el deducible óptimo.
4. Que ha evitado la duplicación en los seguros.

Y como una última recomendación está la de la revisión de su programa total de seguro periódicamente.

SUMARIO

1. Entre los riesgos más comunes que son asegurables tenemos el de fuego, pérdidas por desastres naturales, robo, fraude y responsabilidad civil.

2. El riesgo de fuego puede ser disminuido por el propio empresario si este instituye y lleva a cabo un programa preventivo, por ejemplo, adquiriendo extinguidores y mangueras que sean situados estratégicamente en el área de trabajo.

3. El peligro de robo y fraudes es especialmente grande para la empresa pequeña ya que, en muchos casos, el control interno y el sis-

tema de contabilidad de ellas no es el más eficiente y, por lo tanto, no detecta tan rápidamente como se debe la falta de mercancía o efectivo.

4. La mejor manera de protegerse contra desastres naturales es la adquisición de un seguro adecuado a esas eventualidades.

5. El empresario no solamente es responsable por sus propios actos sino también por los actos de sus empleados, realizados cuando están en ejercicio de actividades de la empresa.

6. El seguro contra pérdidas debido al cierre temporero de la empresa por fuego u otros desastres naturales, tiene por objeto resarcir a la empresa por las utilidades netas dejadas de recibir así como por los gastos incurridos durante el período.

7. La selección de un agente de seguros deberá llevarse a cabo con el mismo cuidado con que se escogió al abogado y al contador de la empresa.

8. Dos de los principios que deben de concurrir para realizar un seguro son: que el riesgo tenga razonables probabilidades de ocurrir y que las pérdidas del mismo puedan ser objeto de evaluación.

9. El empresario puede reducir los costos de los seguros evitando duplicaciones entre los diferentes seguros adquiridos.

Preguntas de repaso

1. ¿Por qué es importante tener un buen programa de seguro?

2. ¿Cuáles son los riesgos más comunes con que tiene que enfrentarse la pequeña empresa?

3. ¿Cómo puede el empresario reducir las primas del seguro contra incendio?

4. ¿Cuáles son los principios que deben de existir para la obtención de seguros?

5. ¿Qué opina usted de la posibilidad de autoasegurarse que tiene el empresario?

6. ¿Cómo se debe proceder para seleccionar un agente de seguro?

7. ¿Cómo se puede ahorrar en la compra de seguros?

8. ¿Por qué es usual que el empresario sea reacio a adquirir seguro?

9. ¿Cuáles son los factores que el empresario ha de tener en cuenta en la planificación de un programa de seguro?

BIBLIOGRAFÍA

CAPÍTULO 11

Broom, H. N., Justin G. Longenecker. *Small Business Management*. Cincinnati: South-Western Publishing Co., 1979.

Hollingsworth, A. Thomas, Herbert H. Hand. *A Guide to Small Business Management: Text and Cases*. Philadelphia: W. B. Saunders Company, 1979.

Stegall, Donald P., Lawrence L. Steinmetz, John B. Kline. *Managing the Small Business*. Homewood: Richard D. Irwin, 1976.

Sullivan, Daniel J. *Small Business Management: A Practical Approach*. Dubuque: W. M. C. Brown Company Publishers, 1977.

CAPÍTULO XII

ESTADOS FINANCIEROS, SU ANÁLISIS E INTERPRETACIÓN

En el capítulo IV se había expuesto como una de las causas por las cuales la pequeña empresa podía fracasar era por la falta de registros adecuados de contabilidad. Se señaló que la existencia de esos registros facilitaban la acumulación, clasificación e interpretación de la información contable, la cual es absolutamente necesaria para la toma de decisiones por parte del empresario.

Como quiera que el empresario deberá tener dos objetivos primordiales durante su gestión; primero el de obtener una ganancia y segundo el de mantener siempre fondos suficientes para pagar las deudas, a medida que se vayan venciendo, será requisito "sine qua non" que la información generada por el sistema de contabilidad sirva no solamente para medir el resultado de las operaciones pasadas, sino también proporcionar información predictiva; la cual será empleada por el empresario en la toma de decisiones, ya de carácter inmediato, como mediato.

Por último, el sistema de contabilidad será el principal instrumento de que podrá disponer el empresario para el control interno de la empresa.

Objetivos específicos de un sistema de contabilidad

En la sección anterior apuntamos los dos objetivos básicos de una empresa que son: el de obtener una utilidad y el mantener siempre fondos disponibles para hacer frente a las deudas a medida que se vayan venciendo. Estos objetivos de carácter general se traducen en los siguientes objetivos específicos que todo sistema de contabilidad debe ofrecer:

1. Brindar información que sea precisa y que sirva para el planeamiento y control de las operaciones diarias.
2. Ofrecer información que pueda ser comparada con información contable de períodos anteriores.
3. Suministrar información que sirva para la preparación de estados financieros.
4. Proveer información que sirva para la preparación de las declaraciones de impuestos.
5. Detectar posibles fraudes, robos y errores de registro.

A los efectos de que el sistema de contabilidad de la empresa pueda cumplir adecuadamente los objetivos anteriormente señalados se requerirá que el sistema de información financiero incluya formularios contables, registros, manuales de instrucción y reportes que se adapten a las necesidades propias del negocio. Es por ello que el diseño de un sistema contable y su implementación deberá ser realizado únicamente por un Contador Público especializado en ese campo de la contabilidad y nunca por el propio empresario.

Estados financieros

La eficiente administración de la empresa requiere que el empresario tenga un conocimiento completo de los estados financieros, los cuales reflejan la productividad de las operaciones pasadas y la situación financiera presente de la empresa.

Tres son los estados financieros básicos que todo empresario debe requerir que le sean preparados trimestralmente:

1) estado de situación, 2) estado de ganancias y pérdidas o de ingresos y 3) estado de fuentes y usos del capital de trabajo.

Estado de situación

El estado de situación es un estimado del valor que tiene la empresa en un momento determinado. También se conoce por muchos otros nombres: hoja de balance, balance general, balance de situación, etc.

Se puede decir que a excepción del efectivo a mano, casi todos los activos que aparecen en el estado de situación son simplemente estimados.

El típico estado de situación clasifica los activos en tres grupos: activo corriente, planta y equipo, y otros activos. Los pasivos están clasificados en dos clases: pasivo corriente y pasivo a largo plazo.

Entre los activos corrientes tenemos el efectivo a mano (caja), efectivo en bancos, valores negociables y bonos del gobierno, cuentas por cobrar, notas o documentos por cobrar, inventarios y gastos pagados por anticipado. La característica principal de los activos corrientes es que se pueden convertir en efectivo dentro de un período relativamente corto.

Vamos brevemente a describir cada uno de los activos corrientes acabados de mencionar pero teniendo en cuenta que la lista no es completa, ya que existen otros tipos de activos corrientes empleados por diferentes firmas.

Efectivo a mano incluye el dinero en moneda y en papel así como cheques y giros postales. Efectivo en bancos está compuesto por el dinero en depósito contra el cual la empresa puede emitir cheques, el dinero depositado en cuentas de ahorro, así como colocado en certificados de depósito. Se debe señalar que en los estados financieros que usualmente se publican, a menudo aparece el efectivo a mano y el efectivo en banco bajo un solo título el de efectivo o caja.

Valores negociables. Esta denominación incluye bonos del gobierno, las acciones y los bonos de corporaciones así como otros valores bursátiles. Se hace énfasis en la palabra negociable, ya que esto quiere decir, que los valores son fácilmente vendibles en el mercado de valores.

Cuentas por cobrar. Representan las cantidades adeudadas por los clientes del negocio por concepto de transacciones realizadas que envuelven la compra de bienes o servicios.

Notas y pagarés por cobrar. Representan cantidades adeudadas por los clientes a quienes algún préstamo se le ha hecho o algún crédito se les ha extendido. Dicha obligación está recogida por escrito en forma de una nota o pagaré.

Interés por cobrar. Es el interés acumulado en aquellos activos tales como pagarés y bonos.

Inventario de mercadería. Está representado por la mercancía en existencia que ha sido adquirida para ser revendida en el caso de empresas comerciales y por la materia prima, producción en proceso y productos terminados en caso de empresas manufactureras. Es importante señalar que las mercancías o efectos destinados a la operación y el mantenimiento de la empresa, que algunas veces reciben el nombre de suministro o abastecimientos, están incluidos en la cuenta de inventario, tales como: lubricantes, material de mantenimiento, lápices, plumas, material de oficina, etc. Es posible que en algunos casos las cuentas aparezcan con títulos diferentes, tales como: Suministros de oficina, Suministros de fábrica, etc.

Entre los activos de planta y equipos tenemos los de terreno, edificio, maquinarias y equipos, etc.

Terreno. Es el área ocupada por el edificio de la empresa o el que ésta usa en sus operaciones.

Edificio es la cuenta bajo la cual están incluidos el o los edificios propiedad de la empresa, tales como garajes, depósitos, etc.

Maquinarias y equipos: Incluye toda clase de maquinarias, equipos tales como motores, calderas, hornos, grúas, correas transportadoras, etc., que emplea la empresa.

Otros activos incluyen los costos de organización, patentes y plusvalía.

Costos de organización son las cantidades pagadas por razón de honorarios legales, contables, etc., que indefectiblemente se producen al crearse la empresa.

Patentes son los derechos adquiridos y protegidos por el gobierno como resultado de algún descubrimiento o invención.

Plusvalía puede definirse como la cantidad pagada por el comprador de una empresa en exceso del costo que aparece en los libros del vendedor.

Como explicamos anteriormente, los pasivos están clasificados en dos clases: 1) pasivos corrientes y 2) pasivos a largo plazo. Entre los pasivos corrientes tenemos las siguientes partidas: documentos por pagar, cuentas por pagar e ingresos diferidos.

Podemos clasificar como pasivos corrientes aquellas obligaciones cuya liquidación será realizada empleando los activos corrientes y que generalmente se liquidan dentro del año después de contraída la obligación.

Documentos por pagar —letra o pagaré— representa una promesa incondicional de pago; en otras palabras, la promesa de pagar una suma determinada de dinero, más los intereses, en una determinada fecha futura.

Cuenta por pagar constituye una obligación que la empresa deberá liquidar en su momento oportuno y que no contempla la obligación del pago de intereses.

Ingresos diferidos que algunos denominan ingresos no devengados, representan efectivo recibido por adelantado o con anticipación por bienes o servicios que la empresa está obligada a prestar.

El pasivo a largo plazo constituye una obligación, que deberá liquidarse por lo menos doce meses después de la fecha del estado de situación.

En el estado de situación la última clasificación se refiere al *capital del empresario,* que se conoce en algunos países como *cuenta patrimonial, patrimonio, interés del propietario, etc.* y que está constituido por los recursos invertidos por el dueño, más las utilidades menos las pérdidas.

El saldo de la cuenta de capital del propietario es igual al total de los activos menos los pasivos. En caso de liquidación el capital del propietario se convierte en un derecho residual, ya que como propietario del negocio únicamente tiene derecho a recibir lo que sobre después de haberles pagado a los acreedores.

Debe comprenderse que como los estados de situación son preparados periódicamente, ellos representan la medida de los cambios ocurridos en la empresa. Al estudiar detalladamente los estados de una empresa durante un período de años se pueden sacar conclusiones relativas a la posición o situación financiera de la misma y detectar crecimientos o disminuciones en áreas criticas de las finanzas de la empresa.

A continuación se muestra el estado de situación de una empresa.

COMPAÑÍA GONZÁLEZ

Estado de situación

Diciembre 31, 19—

ACTIVO

Activo Corriente:			
Caja			$ 10,000
Bonos			4,000
Documentos por cobrar			1,000
Cuentas por cobrar			36,000
Inventario			40,000
Gastos pagados por anticipado			1,500
Total activo corriente			$ 92,500
Planta y Equipo (Activos Fijos)			
Terreno		$ 9,000	
Edificio	$30,000		
Menos: Depreciación acumulada	10,000	20,000	
Equipos de almacén	18,000		
Menos: Depreciación acumulada	8,000	10,000	
Total planta y equipo			39,000
Total Activo			$131,500

PASIVO Y PARTICIPACIÓN DEL PROPIETARIO

Pasivo Corriente:

Documentos por pagar	$ 5,500
Cuentas por pagar	25,500
Ingresos diferidos	3,000
Total pasivo corriente	$ 34,000

Pasivo a largo plazo:

Hipoteca por pagar	50,500
Total pasivo	$ 84,500

Participación del Propietario

Raymundo González, Capital, dic. 31	47,000
Total pasivo y derecho del propietario	$131,500

El estado de ganancias y pérdidas o estado de ingresos

El estado de ganancias y pérdidas, también conocido como estado de ingresos, estado de resultados y estado de ingresos y egresos, etc., ofrece el resultado de las operaciones de la empresa durante un período de tiempo usualmente de un año.

Las partes principales de que se compone el estado de ganancias y pérdidas son los de ingresos, la parte que presenta el costo de mercancía vendida y la parte que presenta los gastos operacionales de la empresa.

En la sección de ingresos están incluidos todos los ingresos que entran en la empresa. Estos ingresos básicamente son por concepto de a) ventas, b) intereses ganados y c) dividendos ganados.

La sección donde se muestra el costo de la mercancía vendida en casos de firmas comerciales comprende el inventario inicial de mercancía durante el período en cuestión, más todas las compras de mercancía realizadas durante el período, menos el inventario final de mercancías durante el período.

Para empresas manufactureras el costo de la mercancía vendida se obtiene sumándole al inventario inicial de productos terminados el costo de la producción durante el año y restándole a dicha suma el inventario final de productos terminados.

El lector debe de tener en cuenta que el costo de la producción —en firmas manufactureras— está compuesto de la mano de obra directa y el material en bruto directo, así como los gastos de fabricación tales como seguro, depreciación, salarios, etc.

El exceso de ingresos —ventas— sobre el costo de la mercancía vendida, resulta en la utilidad bruta a la cual hay que restarle los gastos operacionales para llegar al ingreso neto.

La última sección, que es la de los gastos operacionales, está compuesta por aquellos gastos que contribuyen directamente a la venta de la mercancía. Entre los gastos operacionales típicos tenemos el de sueldos de empleados, seguros, publicidad, teléfonos, etc.

A continuación se muestra el estado de ingresos de una empresa comercial.

MUEBLERIA FANJUL

Estado de Ingresos

Para el Año Terminado en Diciembre 31, 19—

Ventas Netas		$250,000
Costo de Mercancías Vendidas:		
Inventario al 1° de enero	$ 30,000	
Compras	170,000	
Costo de mercancías disponibles para la venta	$200,000	
Menos: Inventario al 31 de dic.	18,000	
Costo de Mercancías Vendidas		182,000
Utilidad bruta en Ventas		$68,000
Gastos operacionales:		
Sueldos	$ 25,000	
Publicidad	5,000	
Teléfono	1,500	
Depreciación	2,000	
Seguros	1,300	
Total de Gastos Operacionales		34,800
Ingreso Neto		$ 33,200

El empresario utiliza el estado de ingresos para analizar el progreso de las operaciones de la empresa durante un período de tiempo determinado. Este estado es de vital importancia para preparar el modelo de impuesto así también es fundamental para obtener préstamo en los bancos o en las instituciones financieras.

Si bien el estado de situación está considerado como el más importante, entre los estados financieros, el estado de pérdidas y ganancias o estado de ingresos ha estado adquiriendo en los últimos años gran trascendencia en los bancos, empresas financieras y abastecedores, ya que ellos entienden que el estado de ingresos refleja la capacidad de una firma para realizar o generar una utilidad futura, lo cual, desde el punto de vista del que presta el dinero o vende mercancía representa una garantía de futuro pago.

El estado de fuentes y usos del capital de trabajo

El *estado de fuentes y usos del capital de trabajo,* que se considera de extrema importancia para toda empresa, es el que suministra información relativa a las fuentes — aumentos — usos — disminución — del capital de trabajo o capital circulante de la empresa durante un período.

Las fuentes de capital de trabajo son cuatro: a) operaciones, b) emisiones de bonos o pagarés a largo plazo, c) emisiones y venta de acciones en el mercado y d) venta de activos no corrientes tales como planta y equipos.

Los usos de capital de trabajo son los siguientes: a) pago de dividendos en efectivo, b) reducción de bonos o pagarés, c) adquisición en el mercado de acciones de la propia empresa y d) adquisición de activos no corrientes tales como planta, equipos, terrenos, etc.

La característica esencial de este estado es que da una idea bastante real del "modus operandi" financiero del dueño o gerente de la empresa y también permite a terceros, tales como banqueros, prestamistas, etc. el tener una visión exacta de la variación del capital circulante o de trabajo entre dos fechas y las causas de ello.

A continuación se muestra el estado de fuentes y usos de capital de trabajo de una empresa.

COMPAÑÍA COMERCIAL DE LA GUAYANA, S.A.

Estado de Fuentes y Usos del Capital de Trabajo

Año Terminado el 31 de Diciembre de 19—

Fuente del Capital de Trabajo:
Operaciones

Ingreso Neto	$ 40,000	
Depreciación	10,000	
Total de las fuentes de Operaciones		$ 50,000
Emisión de pagarés a pagar en dos años		30,000
Emisión de acciones		10,000
Venta de equipos y planta		40,000
Total de las fuentes de Capital de Trabajo		$130,000
Usos del Capital de Trabajo:		
Pago de Dividendos		$ 5,000
Compra de Terrenos		70,000
Total de los Usos de Capital de Trabajo		$ 75,000
Aumento Neto en el Capital de Trabajo durante el año		$ 55,000

Interpretación de los estados financieros

Cuando se habla de los estados financieros es usual afirmar, que ellos ofrecen el resultado de las operaciones de la empresa durante un período de tiempo y la situación y valor real del negocio en una fecha específica. Sin embargo, al hacerse tal afirmación es importante que se reconozcan las limitaciones que a continuación enumeramos.

1. Los estados financieros son esencialmente reportes entre períodos y, por lo tanto, no pueden ni deben de considerarse como finales, ya que la ganancia o pérdida real de una empresa solamente puede ser determinada una vez que esta sea vendida.

2. El estado de situación y el estado de ganancias y pérdidas son el resultado de transacciones realizadas con moneda de diferentes años y con diferente poder adquisitivo.

3. Los estados financieros no reflejan muchos factores que son de vital importancia para la empresa. Por ejemplo, la moral de los empleados, la eficiencia, lealtad e integridad de los administradores, etc.

4. Los estados financieros no muestran el valor de los activos en un momento dado, sino que normalmente señalan el valor de costo de los activos, ajustados según las reglas convencionales de contabilidad aplicables a cada situación.

Es por la serie de limitaciones acabadas de mencionar que el análisis de los estados financieros debe de basarse no solamente en el cálculo matemático, que resulta de una comparación de cifras contenidas en dichos estados, sino también del estudio de datos e informaciones complementarias a que se tenga acceso.

En el capítulo VIII hicimos mención de índices, razones o cocientes contables publicados por entidades oficiales, tales como bancos nacionales, bolsas de valores, cámara de comercio, instituciones o firmas internacionales tales como Dun & Bradstreet, Inc., The National Cash Register Co., y Robert Morris Associates, cuyos índices pueden servir para el análisis de estados financieros. Consideremos más adelante las otras dos técnicas de análisis contables: la de análisis vertical empleada por ciertos analíticos y la de análisis de tendencias horizontales.

Análisis de índices o razones

El empleo de las razones contables como instrumento o técnicas de análisis se basa, en que debe de existir una proporción adecuada entre las distintas cifras que ofrecen la situación financiera de un negocio y el resultado de sus operaciones. El lector debe comprender,

que una razón no es más que una proporción o relación matemática
entre dos números cuya razón o índice puede ser expresado en distintas formas. Por ejemplo, si deseamos establecer la proporción que
existe entre el activo corriente de $100,000 y el pasivo corriente de
$25,000, podemos expresar dicha relación, en las siguientes formas:

1. La razón de activos corrientes a pasivos corrientes es de 4 a
   1, (es decir 4:1).

2. Por cada $ de pasivo corriente hay cuatro $ de activo corriente.

3. Los pasivos corrientes representan $\frac{1}{4}$ de los activos corrientes.

Entre las principales razones que se emplean para el análisis de
los estados financieros tenemos las siguientes:

Activo corriente/pasivo corriente: Este es el *índice* de solvencia
que da una idea del grado de liquidez general de la empresa estudiada.
Usualmente se desea, que esta razón sea de por lo menos 2:1 en la firma que es objeto del análisis.

Capital neto/pasivo total: Esta razón es un indicador de la relación existente entre dos fuentes de donde se financia la empresa;
aquélla que corresponde a los acreedores y aquélla que corresponde a
los dueños o accionistas. Este es un índice importante, ya que ofrece
una idea del grado de endeudamiento que tiene la empresa.

Ventas/activo fijo: Ofrece información que permite determinar,
si la empresa está obteniendo el volumen de ventas adecuado, o si se
está frente a una situación de sobre inversión.

Ventas/cuentas por cobrar: Es un indicador de la política credi-
ticia de la empresa y de la mayor o menor rapidez en el cobro de las
cuentas.

Ventas/inventario: Ofrece una idea de la relativa rapidez con
que se mueve el inventario de mercadería. Entre más alto es este
índice más rapidez es la rotación del inventario.

Utilidades o ingresos netos/ventas: Es un índice que refleja el
grado de eficiencia operacional de la empresa.

Costos de operación/ventas netas: Es otra razón que refleja la
eficiencia de la empresa. Entre más bajo es este índice mejor es para
la empresa.

Ventas/capital neto tangible: Da una idea de la rotación del capital invertido. Usualmente entre más alta es esta razón mejor para la empresa; siempre y cuando se esté frente a una gerencia hábil y capaz.

En lo señalado hasta ahora se ha hecho mención de ocho razones contables a manera de ejemplo, así también se le ha señalado al alumno la existencia de esta técnica de análisis: Sin embargo, debe de comprenderse que existen gran cantidad de razones o índices, que pueden ser empleados por el empresario, todo está en que exista una relación significativa entre dos cifras y que el analista al establecer la comparación aplique su buen juicio y en una forma cautelosa obtenga las conclusiones correctas de la proporción obtenida. Es por ello que el empresario no debe de intentar hacer el análisis por sí solo, sino obtener el concurso y el asesoramiento de un contador especializado en la materia.

Análisis vertical

La técnica de análisis vertical empleada por ciertos analíticos se basa en el procedimiento de descomponer una cosa en sus elementos, o en un examen de las partes componentes en relación con el todo. Un ejemplo de este tipo de análisis es el que sigue a continuación:

ESTADO DE GANANCIAS Y PÉRDIDAS

	Importe			Por ciento de las ventas netas		
	Año 3	Año 2	Año 1	Año 3	Año 2	Año 1
Ventas netas	$400,000	$360,000	$330,000	100%	100%	100%
Costo de mercancía vendida	300,000	288,000	267,300	75	80	81
Utilidad bruta en ventas	$100,000	$ 72,000	$ 62,700	25%	20%	19%
Gastos operacionales	60,000	43,200	36,300	15	12	11
Ingreso neto	$ 40,000	$ 28,800	$ 26,400	10%	8%	8%

El lector notará que el análisis es hecho en forma vertical tomando el volumen de ingresos como 100% y descomponiendo dicha cantidad en por cientos, los cuales corresponden a las partidas de costo de mercancías vendidas, utilidad bruta en ventas, gastos personales y el ingreso neto.

Si se observa detalladamente el estado de ganancias y pérdidas mostrado anteriormente, se podrán detectar dos factores importantes; primero, que el por ciento que el costo de mercancías vendidas representa en relación al volumen de ventas netas ha ido disminuyendo progresivamente de 81% a 80% a 75% a través de los tres años. Esto es una buena señal, ya que indica que el empresario o la persona responsable por la adquisición de la mercancía ha ido mejorando su eficiencia. También esto quiere decir que proporcionalmente el volumen de ventas está aumentando más rápidamente que el costo de realizar dichas ventas. En segundo lugar podemos observar que el costo de operaciones —gastos operacionales— ha ido progresivamente aumentando representando al pasar de los años un mayor por ciento del de ventas netas. Esto afecta directamente el ingreso neto de la empresa. Tal vez sería conveniente que el empresario revisase sus gastos de operaciones y determinara cuáles de ellos han aumentado más de lo debido y por qué.

Análisis horizontal

La tercera técnica de análisis, que mencionamos anteriormente es la de análisis de tendencias horizontales. El análisis de tendencias horizontales es llamado así porque se basa en comparaciones entre las relaciones de las cifras o partidas que aparecen en el mismo renglón de un estado financiero. Un ejemplo de este tipo de análisis es el que sigue a continuación.

ESTADO DE GANANCIAS Y PÉRDIDAS

	1975	1976	1977	1978
Ventas netas	$300,000	$330,000	$360,000	$400,000
Costo de mercancía vendida	250,000	267,300	288,000	300,000
Utilidad bruta en ventas	$ 50,000	$ 62,700	$ 72,000	$100,000
Gastos operacionales	35,000	36,300	43,200	60,000
Ingreso neto	$ 15,000	$ 26,400	$ 28,800	$ 40,000

Si se selecciona el año 1975 como año base y los años 1976, 1977 y 1978 como años que sirven de comparación, se puede por medio del porcentaje de cambio detectado en cada renglón arribar a conclusiones relativas al resultado de las operaciones durante un período de varios años, así como observar las tendencias ascendentes y descendentes de cada sección del estado.

El porcentaje de cambio se obtiene dividiendo el valor de los distintos años por el valor del año base. Así vemos que el estado anterior aparecería en la siguiente forma.

ESTADO DE GANANCIAS Y PÉRDIDAS

Análisis de Tendencias Horizontales

(1975 = 100%)

	1975	1976	1977	1978
Ventas netas	100%	110%	120%	133%
Costo de mercancía vendida	100	107	115	120
Utilidad bruta en ventas	100	125	144	200
Gastos operacionales	100	104	123	171
Ingreso neto	100	176	192	266

Algunas de las conclusiones a que se puede arribar después de observar el estado son las siguientes:

a) El volumen de ventas netas ha estado aumentando más rápidamente que el costo de la mercancía vendida por lo que la utilidad bruta en ventas ha aumentado en un 100% desde 1975.

b) Los gastos operacionales también han aumentado en un 71% mientras, que las ventas netas, lo han hecho en un solo 33% desde 1975 al 1978. Esto no es bueno a largo plazo, ya que ambos deben de aumentar al mismo ritmo. Altamente significativo es el acelerado aumento de los gastos de operación durante el período de 1977-1978, los cuales fueron de casi 39% mientras que el aumento en ventas fue de solamente 11%. Este aumento acelerado de los gastos de operación no debe de continuar al mismo ritmo ya que a la larga afectará al ritmo de crecimiento de los ingresos netos.

c) El por ciento de aumento de los ingresos netos es superior al del por ciento de aumento de las ventas netas, y es un resultado directo del aumento mucho más lento del costo de la mercancía vendida, y hubiera sido mayor aún si la empresa hubiera controlado mejor los gastos operacionales.

Como habrá observado el lector, el análisis de tendencias horizontales es un valioso instrumento al alcance del empresario a los efectos de detectar tendencias favorables o desfavorables en las operaciones de la empresa. Ahora bien, una vez que una tendencia desfavorable es observada es responsabilidad del empresario iniciar una indagación más a fondo, e investigar las causas que han originado dichas tendencias.

Comentarios finales relativos a la interpretación de los estados financieros

Una vez que se han estimado las razones y las tendencias, el paso siguiente es la interpretación de ellas. La interpretación es el objetivo del análisis y es aquí donde el analista hace uso de su juicio y experiencia.

Es importante que se tenga en cuenta que las tres técnicas de análisis discutidas no producen respuestas exactas, y solamente la persona técnicamente especializada es la que está plenamente capacitada para emitir un juicio sobre los estados financieros.

Por último, se puede decir, que el propósito final de la interpretación de los estados financieros y la posterior acción correctiva es la de situar a la empresa en una posición financiera desde la cual sea capaz de:

1. Hacerle frente a las deudas a corto plazo cuando éstas se venzan.
2. Mantener un nivel de capital de trabajo que sea adecuado para hacerle frente a las demandas normales de las operaciones.
3. Hacerle frente a los pagos normales de dividendos y de intereses.
4. Preparar la empresa para afrontar las deudas a largo plazo.
5. Mantener una posición competitiva dentro del mercado.

SUMARIO

1. La existencia de un eficiente sistema de contabilidad es requisito indispensable si el empresario aspira a un control adecuado de la empresa.

2. El empresario obtiene dos objetivos primordiales durante su gestión al frente de la empresa. Primero, el de realizar una utilidad y segundo, el de mantener siempre fondos suficientes para pagar las deudas a medida que se vayan venciendo.

3. Entre los objetivos específicos del sistema de contabilidad está el de generar y suministrar información para la preparación de los estados financieros.

4. Tres son los estados financieros básicos que todo empresario debe de requerir que le sean preparados periódicamente. El estado de

situación, el estado de ganancias y pérdidas y el estado de fuentes y usos del capital de trabajo.

5. El estado de situación típico clasifica los activos en tres grupos: a) activos corrientes, b) planta y equipo y c) otros activos. Así mismo los pasivos están clasificados en a) pasivos corrientes y b) pasivos a largo plazo.

6. El estado de ganancias y pérdidas ofrece el resultado de las operaciones de la empresa durante un período de tiempo que usualmente es de un año.

7. El estado de fuentes y usos de capital de trabajo suministra información relativa a las fuentes — aumentos — y usos — disminución — del capital de trabajo.

8. Tres son las técnicas de análisis que pueden ser empleadas en la evaluación e interpretación de los estados financieros; el análisis vertical empleado por ciertos análiticos, el de tendencias horizontales y el de razones, cocientes o índices.

9. El análisis de los estados no debe de basarse solamente en los cálculos matemáticos sino también en el juicio y la experiencia del analista.

Preguntas de repaso

1. ¿Por qué es importante el sistema de contabilidad?

2. ¿Qué usos se le puede dar a los estados financieros?

3. ¿Cuál es la clasificación principal dentro del estado de situación?

4. Si usted fuera un banquero, antes de prestar dinero, ¿cuáles serían los estados financieros que usted exigiría?

5. Enumere tres técnicas de análisis empleadas en relación a los estados financieros.

6. ¿Por qué hay que tener cuidado con todo tipo de interpretación de los estados financieros?

7. ¿Cuáles son las limitaciones de la técnica de análisis en la cual se emplean razones o cocientes?

8. ¿En cuántas partes se divide el estado de ganancias y pérdidas?

9. Explique en qué consiste la técnica de análisis de tendencias horizontales.

BIBLIOGRAFÍA

CAPÍTULO 12

Boynton, Lewis D., Paul A. Carlson, Hamden L. Forkner, Robert M. Swanson. Trad. por Antonio de la Luz y Carmen I. Rodríguez de Roque. *Contabilidad práctica del siglo XX*. Curso elemental. Cincinnati: South-Western Publishing, Co., 1974.

Boynton, Lewis D., Paul A. Carlson, Hamden L. Forkner, Robert M. Swanson. Trad. por Luis A. Berríos Burgos. *Contabilidad práctica del siglo XX*. Curso avanzado. Cincinnati: South-Western Publishing Co., 1974.

Fernández de Armas, Gonzalo. *Estados financieros análisis e interpretación*. 3ra. ed. México. Unión Tipográfica Editorial Hispano-Americana, 1977.

Finney, H. A., Herbert E. Miller. *Curso de contabilidad intermedia*. México: Unión Tipográfica Editorial Hispano-Americana, 1972.

Kennedy, Ralph Dale, Steward Yarwood McMullen. *Financial Statements Form, Analysis and Interpretation*. 5ta. ed. Homewood: Richard D. Irwin, Inc., 1968.

Meigs, Walter B., A. N. Mosich, Charles E. Johnson. *Contabilidad la base para realizar decisiones comerciales*. Volúmenes I y II. Traducción y adaptación William Dario Vélez. México: Libros McGraw-Hill de México, S. A., de C. V., 1975.

CAPÍTULO XIII

CONTROL DE EFECTIVO, EMPLEO DE MICROCOMPUTADORAS, EL PUNTO DE EQUILIBRIO Y PRESUPUESTOS

El propósito de este capítulo es poner en contacto al lector con cuatro áreas de vital importancia para la eficiencia máxima de la operación de la empresa.

Control de efectivo

Habíamos dicho en uno de los capítulos anteriores que el robo de efectivo o de mercancía es uno de los problemas más difíciles con que se tiene que enfrentar la pequeña empresa.

En aquella oportunidad hicimos énfasis en dar a conocer que debido a que es usual que la pequeña empresa no cuente con un sistema de contabilidad lo suficientemente adecuado, no detecta rápidamente la falta del efectivo o mercancía. Como quiera que la típica empresa pequeña normalmente está necesitada de efectivo, cualquier robo de dinero surgido de improvisto la puede colocar en una situación de quiebra potencial, al no poder pagar las deudas pendientes ni hacerle frente a los gastos diarios de operaciones.

Toda empresa, por pequeña que sea, debe tener un sistema de control interno que, como mínimo, pueda alcanzar los siguientes cuatro objetivos:

1. Resguardar los recursos de la empresa contra malgastos, fraudes e ineficiencias.

147

2. Estimular precisión y confianza en la información contable, que es generada por el sistema de contabilidad en existencia.

3. Estimular y asegurar que dentro de la empresa todos cumplan y obedezcan la política administrativa de la firma.

4. Juzgar si la operación de la empresa es eficiente.

Si el lector revisa con detenimiento los cuatro objetivos mencionados, se dará cuenta que el concepto de control interno es bastante amplio, y que en último análisis es una ayuda indispensable en la eficiente administración de toda empresa.

La protección y control del efectivo cae dentro del ámbito del primer objetivo de control interno. Como mínimo, el sistema de control interno debe garantizar la existencia de las siguientes condiciones.

1. Que todo el efectivo que debía haber sido recibido fue efectivamente recibido, y su importe registrado rápida y correctamente.

2. Que todos los desembolsos de efectivo fueron realizados por razones propias de la empresa, y que dichas salidas de efectivo han sido adecuadamente registradas.

3. Que el total del efectivo a mano y en banco están correctamente registrados y adecuadamente protegidos.

A los efectos de garantizar que las condiciones de control interno acabadas de mencionar sean una realidad, todo empresario debe asegurarse que las siguientes reglas relativas al manejo del efectivo siempre sean cumplidas:

1. Que se registre inmediatamente el recibo de efectivo.

2. Que se deposite diariamente el ingreso total de efectivo.

3. Que se separe la función de manejar el dinero de la función de llevar los libros de contabilidad. El cajero bajo ninguna circunstancia debe tener acceso a los libros de contabilidad. Así mismo, el contador no debe tener acceso a la caja.

4. Que se centralice la recepción de efectivo tanto como sea posible.

5. Que se sitúen las cajas registradoras en forma que los clientes puedan observar las cantidades registradas.

6. Que se separe la función de recibir dinero de la función de desembolsar dinero.

7. Que se hagan todos los pagos mediante cheques, con excepción de los gastos de la caja chica.

8. Que se mantenga bajo llave el dinero de caja.

9. Que se haga que las reconciliaciones bancarias sean realizadas por personas que no tengan la responsabilidad de emitir cheques o manejar el efectivo.

Como última cuestión, es recomendable que solamente la mínima cantidad de efectivo necesaria sea la que se quede por la noche en la empresa y que esta pequeña cantidad esté bien resguardada, ya dentro de una caja de caudales o en algún depósito secreto. Ningún efectivo debe quedar dentro de las cajas registradoras, las cuales deben quedar abiertas por las noches.

Empleo de microcomputadoras en la empresa pequeña

En los últimos años, tanto en los Estados Unidos como en Europa, hemos visto un aumento acelerado del uso de computadoras por parte de empresas pequeñas. Esta tendencia se ha visto estimulada en meses recientes con la aparición en el mercado de equipos electrónicos — EDP—específicamente diseñados para empresas de tamaño mediano y pequeño.

Estas microcomputadoras pueden ser programadas para preparar los estados de cuentas por cobrar, controlar el inventario, ocuparse de la nómina, así como preparar el mayor, todo esto automáticamente. En adición pueden ser programadas para que generen una amplia variedad de reportes y estados, que permitan al empresario evaluar las ventas y costos de las operaciones más fácilmente.

La determinación de cuándo ha llegado el momento de adquirir una microcomputadora es indicada por una serie de síntomas, entre los cuales podemos señalar los siguientes:

1. Volumen grande de transacciones.

2. Aumentos en los costos de operaciones del sistema de contabilidad manual.

3. Número grande de empleados o la posibilidad de que haya un aumento substancial de personal.

4. La existencia de tareas repetitivas que permitirían ser programadas.

5. El hecho de que la competencia emplea microcomputadoras es una evidencia de que su empleo determina mayor eficiencia que el régimen manual.

6. La imperiosa necesidad de mejorar el sistema de control interno.

7. Atrasos existentes en las cuentas por cobrar.

8. El caso de generar una información más exacta y al día, para ser empleada en la toma de decisiones.

Es usual que sean varios los síntomas, que al mismo tiempo se manifiesten. La reacción inicial del empresario es la de agregar más personal en la oficina, así como el exigir mayor productividad del departamento de contabilidad. Llega un momento, sin embargo, en que el empresario empieza a considerar seriamente la viabilidad de adquirir una microcomputadora.

La decisión final estará basada en un estudio de factibilidad, que tenga en cuenta no solamente los costos, sino también los beneficios de adquirir el equipo.

Entre los costos asociados con la adquisición y operación de una computadora podemos identificar dos clases; aquellos que no son recurrentes y los que se pueden considerar fijos o recurrentes.

Entre los costos no recurrentes u ocasionales se pueden señalar:

1. El estudio de factibilidad.
2. Las modificaciones que habrá que hacerle al sistema de contabilidad actual.
3. La programación y la instalación de los equipos.

En cuanto a los costos fijos o recurrentes tenemos:

1. Alquiler del equipo, si no es adquirido.
2. Sueldos a pagar al personal especializado encargado de operar el equipo.
3. Espacio que es utilizado por el equipo.
4. Materiales tales como el de papel.
5. Electricidad, mantenimiento, etc.

Los beneficios potenciales que se pueden derivar del empleo de una microcomputadora son los siguientes:

1. Una mayor efectividad en el manejo de la empresa.
2. Mayor rapidez en la preparación de estados financieros.
3. Mejor administración y control de inventarios.
4. Economía en los gastos de operación.

Algunas de las áreas de la empresa que pueden ser susceptibles a ser mecanizadas son las siguientes:

1. En la contable o financiera:
   a) Facturación y cuentas por cobrar.
   b) Control de inventario.
   c) Cuentas por pagar.
   d) Nómina.
   e) Control de los activos fijos.
   f) Estados financieros.

g) Presupuestos financieros.
h) Contabilidad general.
i) Contabilidad de costos.
j) Estadísticas en general relativas a ventas, costos, etc.

2. Otras áreas que son suceptibles a ser mecanizadas son:
a) Planificación.
b) Seguridad y protección de la firma.
c) Control de producción.

Como quiera que la adquisición de una microcomputadora, por muy barata que sea, siempre conlleva un desembolso substancial, es conveniente que el empresario considere las alternativas siguientes:

1. Que entre en una relación contractual con un buró de servicio o firma de contadores que preparan los informes deseados en el computador de ellos.

2. Que la empresa alquile una terminal en línea, la cual está en comunicación directa con una computadora situada en otro local.

En caso de que el empresario decida instalar una computadora es posible que tenga que hacer frente a los siguientes problemas:

1. Que haya resistencia al cambio. Este es un fenómeno común que usualmente afecta al personal por ignorancia o miedo.

2. Que el sistema adquirido sea inadecuado para el futuro volúmen de operaciones.

3. Que no haya existido una adecuada planificación.

4. Que el adiestramiento dado a los encargados de operar los equipos sea insuficiente.

5. Que exista una actitud negativa o derrotista por parte del personal.

6. Que el cambio haya sido demasiado rápido.

Como comentario final al tema de la instalación de una microcomputadora, se debe mencionar que es un hecho irrebatible que el pequeño empresario tiene que hacerle frente a una serie de riesgos, los cuales no afectan a la empresa grande, tales como:

a) La falta de comprensión casi total por parte del pequeño empresario de las interioridades del computador, y lo que puede y no puede hacer.

b) Dependencia total por parte de la empresa pequeña en asesoría, mantenimiento, entrenamiento y supervisión por parte de una firma externa en todas las cuestiones relativas a la empresa.

Punto de equilibrio

Uno de los procedimientos más útiles al alcance del empresario, a los efectos de la planificación, es el análisis de costo-volumen-utilidad.

El método de *análisis de costo-volumen-utilidad* se basa en el comportamiento de los ingresos y los costos en relación a los cambios de volumen de actividad de una firma. Debe comprenderse que este tipo de análisis es usualmente empleado para pronosticar resultados de la selección de posibles alternativas contempladas por el empresario. Por lo tanto, es un tipo de análisis que es eminentemente predictivo, y que es la base de todo presupuesto.

A los efectos de poder llevar a cabo el análisis, será necesario que todos los costos de la empresa sean divididos en tres clases: costos variables, costos fijos y costos semivariables.

1) *Costos variables* son los costos que son uniforme por unidad de producción*, su total aumenta o disminuye en proporción directa al nivel de actividad de la empresa. Ejemplos de costos variables son la mano de obra directa y la materia prima directa que se emplea en la fabricación de un producto. Si por ejemplo fabricamos escritorios, cada uno de los cuales requiere $30 de materia prima y tenemos un volumen de producción de 100 escritorios durante el mes, el total de los costos de materia prima directa será de $3,000. En caso de fabricarse 1,000 escritorios, el costo será de $30,000. A continuación mostramos cómo debe de lucir el costo variable en forma gráfica.

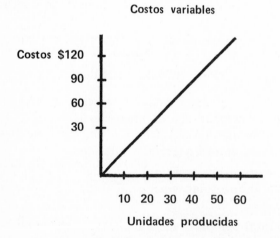

Costos variables

Costos $120

90

60

30

10 20 30 40 50 60

Unidades producidas

---

* En caso de empresas donde no se fabrique nada, tales como el caso de mayoristas o detallistas los costos variables son los menos, estando concentrados usualmente en gastos de comisión.

El lector debe notar que los costos variables se representan gráficamente como una línea recta diagonal al vértice donde los ejes verticales y horizontales se cortan.

2) Los *costos fijos* son aquellos cuyos totales no cambian, aunque existan variaciones en el nivel de actividad de la firma, pero que tienden a disminuir *en promedio* por unidad a medida que el nivel de actividad aumenta. Ejemplos de costos fijos son: los costos de depreciación, la prima anual del seguro de la firma, salarios de los supervisores, etc.

Siguiendo con el ejemplo de la fábrica de escritorios, supongamos que los costos fijos de la empresa durante el mes sean de $120. Los costos fijos totales serían representados gráficamente como sigue:

Costos fijos

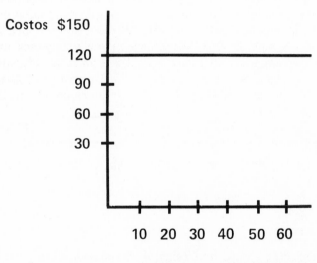

Unidades producidas

El lector debe notar que los costos fijos totales se representan por una línea horizontal paralela al eje horizontal que intercepta el eje vertical en el punto donde de acuerdo con la escala seleccionada está la cantidad de costo fijo gastada.

Es de mucha importancia que el lector también tenga un concepto exacto del comportamiento de los costos fijos por unidad. Por ejemplo, si con costos fijos de $120 se fabricaron 10 escritorios durante el mes, a cada escritorio se le asignarían $12 de costo fijo; pero si la producción hubiera sido de 20 unidades, la cantidad asignada por escritorio hubiera sido de $6 y así sucesivamente, utilizando esta fórmula:

$$\text{Costo fijo promedio por unidad} = \frac{\text{Costos fijos totales}}{\text{Unidades producidas}}$$

Gráficamente los costos fijos por unidad son mostrados como sigue:

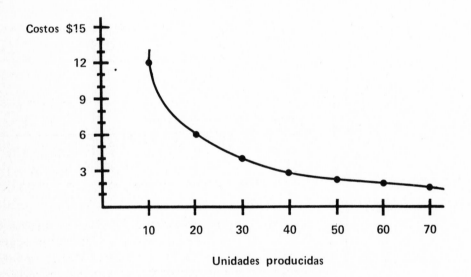

Costos fijos promedio por unidad

Como notará el lector existe una relación inversa entre el costo fijo promedio por unidad y el nivel de actividad de la empresa. Entre más alto es el nivel de actividad —unidades producidas— más pequeño es el costo fijo promedio asignado a cada unidad producida.

3) Costos *semivariables* —también llamados *semifijos o mixtos*— son aquéllos cuyo comportamiento, aunque relacionado con el nivel de producción de la empresa, lo está en una cifra menor a la propocional. Por ejemplo supongamos que tenemos un camión que es empleado en la fábrica de escritorios para entregar las unidades vendidas. Si la depreciación anual del camión es estimada en $500 fijos

más $.10 por kilómetro después de los primeros 1,000 kilómetros re-
corridos, y el camión es manejado 11,000 kilómetros, la depreciación
total sería de $1,500 calculados en la siguiente forma:

Costo variable $.10 × 10,000 kilómetros   = $1,000
Costo fijo: primeros 1,000 kilómetros   =   500
Total del costo de depreciación $1,500

La representación gráfica de los costos semivariables sería como
sigue:

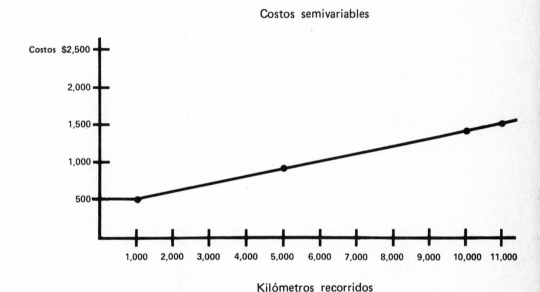

Costos semivariables

Kilómetros recorridos

Una vez que el lector ha entendido completamente el comportamiento de los diferentes costos en relación a diferentes volúmenes de
producción estará en posición de comprender mejor el punto de equilibrio y el uso que se le puede dar a dicha técnica.

Podemos definir el *punto de equilibrio* como aquel volumen de
actividad de la empresa donde el monto total de sus ingresos sea
exactamente igual a los gastos de ésta. También podemos definirlo
como el punto a partir del cual la empresa empieza a obtener un ingreso neto.

Como quiera que siempre es más fácil adquirir el concepto de
una técnica nueva observando cómo funciona, vamos a seguir con el
ejemplo de la fábrica de escritorios. Supongamos que tenemos los siguientes datos:

FÁBRICA DE ESCRITORIOS "EL ÁLAMO"
Costos mensuales

	Costos variables por escritorio	Costos variables como porcentaje del precio de venta
Precio de venta por escritorio	$ 100	100%
Costos variables: mano de obra directa y materia prima directa	60	60%
Margen de contribución	$ 40	40%
Costos fijos: tales como administración, venta, depreciación, salarios	$4,000	

Ese problema puede ser resuelto utilizando uno de los tres siguientes procedimientos:

a) Empleando una ecuación de volumen y utilidad.

b) Empleando el método basado en el margen de contribución a las ventas.

c) Empleando un análisis gráfico.

El procedimiento basado en una ecuación de volumen y utilidad se basa en la siguiente fórmula:

Ventas (V) = Costos Variables (CV) + Costos Fijos (CF) + Ingreso Neto (IN)

Esta fórmula puede ser empleada para la determinación del punto de equilibrio, ya sea éste determinado en el volumen de ventas en $, o en el número de escritorios vendidos.

Si deseamos determinar el punto de equilibrio en $ el ingreso neto o sea la utilidad o la ganancia será cero. Luego:

$$V = CV + CF + IN$$

$$V = 0.60V + \$4{,}000 + \$0$$

$$V - 0.60V = 4{,}000$$

$$.40V = 4{,}000$$

$$V = \frac{\$4{,}000}{.40}$$

$$V = \$10{,}000$$

Si deseamos determinar el punto de equilibrio en número de unidades vendidas:

$$V = CV + CF + IN$$
$$\$100V = \$60V + \$4,000 + \$0$$
$$\$100V - \$60V + \$4,000$$
$$\$40V = \$4,000$$
$$V = \frac{\$4,000}{\$40}$$
$$V = 100 \text{ escritorios}$$

El segundo método, como dijimos anteriormente, se basa en el margen de contribución. Podemos definir el término *margen de contribución* como el exceso del precio de venta sobre el costo variable. Este exceso de ingresos sobre costos variables es aplicable a cubrir los gastos fijos y obtener un ingreso neto. La razón del margen de contribución se estima por medio del método siguiente:

$$\text{Punto de Equilibrio en \$} = \frac{\text{Costos Fijos}}{1 - \dfrac{\text{Costos Variables}}{\text{Ventas}}}$$

$$\text{Punto de Equilibrio en \$} = \frac{\text{Costos Fijos}}{\text{Razón del Margen de Contribución}}$$

Si queremos determinar el punto de equilibrio a base del número de unidades vendidas, entonces empleamos la siguiente fórmula:

$$\text{Punto de Equilibrio en unidades} = \frac{\text{Costos Fijos}}{\text{Margen de Contribución por Unidad}}$$

Si queremos obtener el punto de equilibrio en $, la solución es:

$$\text{Punto de Equilibrio en \$} = \frac{\$4,000}{1 - \dfrac{60}{100}}$$

$$\text{Punto de Equilibrio en \$} = \frac{\$4,000}{1 - .60} = \frac{4,000}{.40}$$

$$\text{Punto de Equilibrio en \$} = \$10,000$$

Si se desea obtener el punto de equilibrio en unidades, la solución es:

$$\text{Punto de Equilibrio en Unidades} = \frac{\$4,000}{\$40}$$

$$\text{Punto de Equilibrio en Unidades} = 100 \text{ escritorios}$$

El tercer método que se puede emplear es el gráfico, donde por medio de una combinación de líneas rectas, que representan los costos fijos, costos variables e ingreso neto podemos hallar el punto de equilibrio.

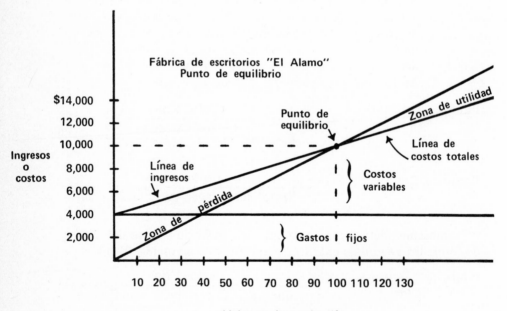

Volumen de producción

En el gráfico anterior, el eje horizontal representa el número de escritorios producidos y vendidos. El eje vertical representa los pesos de ingresos o gastos. El procedimiento a seguir para preparar el gráfico mostrado es el siguiente:

a) Primero se traza una línea horizontal y paralela al eje horizontal que representa los gastos fijos, y que en el caso de la fábrica de escritorios era de $4,000. Esta línea horizontal cortará el eje vertical en el punto donde la escala marca $4,000.

b) Se traza una línea de ingresos, que partiendo del vértice donde los ejes verticales y horizontales se cruzan ascienda perpendicularmente a razón de $100 por cada escritorio vendido.

c) Partiendo del punto en el eje vertical donde está la escala de $4,000 (que es donde la línea horizontal, que representa los gastos fijos, interceptó el eje vertical) se traza la línea de costos variables a razón de $60 por escritorio. El lector debe reconocer que esta línea representa así mismo la línea de costos totales, puesto que tiene su origen encima de la línea de los gastos fijos.

Cualquiera que sea el procedimiento empleado por el empresario para determinar el punto de equilibrio, él deberá de comprender que dicho punto solamente tiene una importancia relativa en cuanto a la futura dirección en que se debe de mover la empresa. El empresario no debe lógicamente dirigir el curso de la empresa en dirección al punto de equilibrio, puesto que el objetivo buscado es el obtener una ganancia, ahora bien, sí es de extrema importancia saber cuál es el punto de equilibrio, ya que a partir de este punto es donde la firma empieza a realizar una utilidad.

Limitaciones del análisis del punto de equilibrio

Las principales limitaciones que encontramos en el punto de equilibrio son las suposiciones sobre las que este análisis se basa. Así vemos que una de las suposiciones es que los precios de ventas se mantendrán constantes. Este tipo de presunción tiene que ser hecha si la línea que en el gráfico representa los ingresos (ventas) es dibujada en forma recta.

Un segundo supuesto es que la eficiencia y productividad de los empleados sea la misma y que no varíe.

Una tercera presunción es que los costos podrán ser clasificados en dos categorías: fijos y variables.

El cuarto supuesto requiere que la combinación de productos vendidos se mantendrá constante durante el período de venta.

Una quinta y final suposición será que las diferencias de los niveles de inventario al principio y al fin del año fiscal sean insignificantes.

Si bien es verdad que los anteriores supuestos no se cumplen necesariamente en la vida real, donde las fuerzas del mercado los están afectando constantemente, es evidente que no por eso el punto de equilibrio, que no es más que un análisis de las relaciones de costo, volumen y utilidades, deja de ser un instrumento de extremada utilidad para el empresario que quiera planear el futuro financiero de su empresa.

Presupuestos

La preparación de un presupuesto es una actividad a veces difícil, a veces engorrosa; pero que siempre requerirá cierta cantidad de tiempo y dedicación por parte del empresario, el cual deberá tener cierto conocimiento del comportamiento de los costos bajo diferentes situaciones ambientales.

El presupuesto, en términos generales, comprende los siguientes factores: a) ingresos, b) costo de la mercancía vendida o costo de la mercancía fabricada, c) gastos controlables y d) gastos no controlables.

La proyección de los ingresos a realizar solamente puede ser hecha una vez que existe un pronóstico de las ventas futuras. Este pronóstico de ventas debe ser hecho en la forma más detallada posible, incluyendo el número de unidades de cada tipo que se espera vender y el territorio en que se piensan vender. El número total de unidades que se planea vender determinará el costo de la mercancía vendida, la cantidad de los costos controlables y, hasta cierto punto, cuáles y cuántos han de ser los costos no controlables.

Como quiera que todo el presupuesto está construido sobre el estimado de venta; el empresario deberá ser extremadamente cuidadoso al hacer dicho pronóstico, al cual se deberá haber llegado empleando métodos estadísticos y volúmenes de ventas alcanzados en períodos anteriores; todo esto modificado según las condiciones económicas de la industria en general y del mercado nacional y local en particular.

Costo de la mercancía vendida

El rubro de costos de la mercancía vendida que aparece en el estado de ganancias y pérdidas proforma, se obtiene a base de la experiencia pasada, así como por medio de una proyección hacia el futuro de los márgenes de utilidades empleados en el pasado.

Costo de la mercancía manufacturada

Este costo es estimado multiplicando el número de unidades que se estima, que se van a fabricar por la unidad estándar tanto de mano de obra como de materia prima. Por ejemplo, si se requiere $3.00 de mano de obra directa y $4.00 de materia prima directa por unidad producida, y el estimado de producción es de 1,000 unidades, costaría $7,000 fabricar las 1,000 unidades. No debe olvidar el lector que además de la mano de obra y la materia prima, también hay que sumarle al producto fabricado los costos generales de fábrica o carga fabril.

Los costos generales de fábrica usualmente son aplicados al producto a base de la experiencia pasada y usualmente consisten en un porcentaje de los costos de mano de obra directa. Siguiendo con el ejemplo, supongamos que la carga fabril debe de ser aplicada a base del 40% de los costos totales de mano de obra directa; en este caso el 40% de $3,000 serían $1,200, lo que aumentaría el costo total de producción a $8,200.

Costos controlables y costos no controlables

Como su nombre lo define, costos controlables son aquellos sobre los que la firma puede ejercer algún tipo de control a corto plazo y en algún nivel ejecutivo de la empresa. Ejemplos de este tipo de costo son los costos de personal, viajes, anuncios y publicidad, etc.

Costos no controlables son aquellos costos que son relativamente fijos y que no están sujetos al control de la empresa una vez que la decisión de incurrir en ellos se ha tomado. Ejemplos de este tipo de costos son los gastos de depreciación, venta, hipoteca, primas de seguro, etc.

Clasificación de presupuestos

El presupuesto maestro está compuesto de los siguientes estados y anexos:

1. Presupuesto de venta.

2. Presupuesto de manufactura.
   a. Materia prima directa.
   b. Mano de obra directa.
   c. Carga fabril.

3. Presupuesto de costo de la mercancía vendida.

4. Presupuesto de gastos de venta.

5. Presupuesto de gastos administrativos.

En adición a estos presupuestos tenemos los presupuestos financieros tales como:

1. Presupuesto de flujo de efectivo.

2. Estado de situación proforma.

3. Estado de ganancias y pérdidas proforma.

Por último, existen aquellos presupuestos especializados, tales como:

1. Presupuesto de activos fijos.
2. Informes presupuestales que comparan el resultado con los planes previamente adoptados.

Debido a lo complicado que es el desarrollar presupuestos eficientes, el autor recomienda que a menos que el empresario tenga conocimientos contables, no intente él mismo preparar el presupuesto sino que se asesore con un contador público al respecto.

SUMARIO

1. Toda empresa, por pequeña que sea, debe tener un sistema de control interno, que como mínimo pueda alcanzar los siguientes cuatro objetivos: 1) Resguardar los recursos de la empresa contra malgastos, fraudes e ineficiencias, 2) Estimular precisión y confianza en la información contable, 3) Estimular y asegurar que dentro de la empresa todos cumplan y obedezcan la política administrativa de la firma y 4) Juzgar la eficiente operación de la empresa.

2. Tres reglas de control interno que deben ser seguidas son: 1) Registrar inmediatamente el recibo de efectivo, 2) Depositar diariamente el ingreso total de efectivo, y 3) Centralizar la recepción de efectivo tanto como sea posible.

3. Una regla importante que debe seguirse es que solamente la mínima cantidad de efectivo que sea necesario debe quedarse por la noche en la empresa.

4. En los últimos años, tanto en los Estados Unidos como en Europa, hemos visto un aumento acelerado del uso de computadoras por parte de empresas pequeñas.

5. Son varios los síntomas que indican cuándo ha llegado el momento de adquirir una microcomputadora, entre ellos tenemos: a) Volumen grande de transacciones, b) Aumentos en los costos de operaciones del sistema de contabilidad manual, c) La existencia de tareas repetitivas que permitirían ser programadas.

6. Entre los costos asociados con la adquisición y operación de una computadora podemos identificar aquellos que no son recurrentes y aquellos que se pueden considerar fijos y por tanto recurrentes.

7. El método de análisis de costo-volumen-utilidad, se basa en el comportamiento de los ingresos y los costos en relación a los cambios de volumen de actividad de una firma.

8. Existen tres clases de costos según el comportamiento de estos en relación a cambios de actividad de la empresa: costos variables, costos fijos y costos semivariables.

9. El presupuesto en términos generales comprende: 1) ingresos, 2) costo de la mercancía vendida o de la mercancía fabricada, 3) costos controlables y 4) costos no controlables.

Preguntas de repaso

1. ¿Por qué es importante el control de efectivo?

2. ¿Cuáles son los objetivos buscados por un eficiente sistema de control interno?

3. ¿Cuáles reglas relativas al manejo de efectivo deben de ser puestas en práctica por la empresa?

4. ¿Cuáles son los síntomas que indican la necesidad de instalar una microcomputadora?

5. ¿Cuáles son los costos asociados con la adquisición y uso de una microcomputadora?

6. ¿Qué es el punto de equilibrio?

7. ¿En qué se basa el método de análisis de costo-volumen-utilidad?

8. ¿Cuántas clases de presupuestos existen?

9. ¿Qué estimado es básico en la preparación de presupuestos?

BIBLIOGRAFÍA

CAPÍTULO 13

Backer, Morton, Lyle Jacobsen. *Contabilidad de costos: un enfoque administrativo y de gerencia.* México: Libros McGraw-Hill, 1967.

Boynton, Lewis D., Paul A. Carlson, Hamden L. Forkner, Robert M. Swanson. Trad. por Antonio de la Luz y Carmen I. Rodríguez de Roque. *Contabilidad práctica del siglo XX.* Curso elemental. Cincinnati: South-Western Publishing Co., 1974.

Boynton, Lewis D., Paul A. Carlson, Hamden L. Forkner, Robert M. Swanson. Trad. Por Luis A. Berríos Burgos. *Contabilidad práctica del siglo XX.* Curso avanzado. Cincinnati: South-Western Publishing Co., 1974.

Clark, Frank J., Ronald Gale, Robert Gray. *Procedimientos informativos en sistemas empresariales.* Madrid. Editorial Prentice/Hall Internacional, 1973.

Holmes, Arthur W. *Auditoría.* 5ta. ed. México: Unión Tipográfica Editorial Hispano-Americana, 1965.

Horngren, Charles T. *Contabilidad y control administrativo.* México: Editorial Diana, 1973.

Horngren, Charles T. *Cost Accounting Managerial Emphasis.* 4ta. ed. Englewood Cliffs: Prentice-Hall, Inc., 1977.

Meigs, Walter B., A. N. Mosich, Charles E. Johnson. *Contabilidad la base para decisiones comerciales.* Volúmenes I y II. Traducción y adaptación: William Dario Vélez. México: Libros McGraw-Hill de México, S. A. de C. V., 1975.

Shillinglaw, Gordon. *Managerial Cost Accounting.* 4ta. ed. Homewood: Richard D. Irwin, Inc., 1977.

AMPLIACIÓN Y CONSOLIDACIÓN DE LA EMPRESA

CUARTA PARTE

La sección cuarta consta de dos capítulos. En ella se tratará de la ampliación y consolidación de la empresa. Aquí se supondrá que la firma ya ha llegado a su segunda etapa de crecimiento y que está en posición de ampliar su mercado y mejorar su organización interna. Énfasis especial se da a la promoción de ventas así como a las investigaciones de mercado y el entrenamiento del personal en técnicas de venta, así como a los créditos y ventas a plazo.

Tamaño de las empresas

Como es conocido, en su gran mayoría las empresas industriales latinoamericanas son de tamaño pequeño o mediano, pero éstas aportan una proporción sustancial de la producción y ocupación del sector manufacturero. Tales empresas carecen de recursos para mantener suficiente personal calificado de gerencia y administración, funcionan con escaso o ningún personal profesional y, en general, están imposibilitadas de establecer varias unidades especializadas para las funciones de la dirección. En el caso de la empresa pequeña, toda función de gerencia y administración recae sobre el propio empresario. En cuanto a las empresas medianas, con frecuencia resulta demasiado oneroso mantener personal dedicado exclusivamente a la gestión tecnológica [9].

Las estructuras de organización más adecuadas a la gestión tecnológica requieren todavía estudios referidos al marco particular de los países, a la intensidad de empleo de tecnologías en los diferentes sectores, a las condiciones de tamaño de las empresas y a otros factores.

(9) *La distinción de empresas por tamaño se ha de efectuar esencialmente teniendo en cuenta características distintas de su funcionamiento. Entre éstas se han enumerado, en adición al propio grado de especialización de las funciones de gerencia y administración, las siguientes: disponibilidad de capital y acceso y utilización de financiamiento externo; capacidad de negociación en los mercados de materias primas, laboral, de tecnología, y otros; y tipo de contacto entre la dirección de la empresa y sus empleados y operarios (A. Weilson, "Posibilidades de desarrollo de industrias de pequeña escala en campos específicos de actividad industrial". Seminario sobre Industrias de Pequeña Escala en América Latina. CEPAL. Centro de Desarrollo Industrial y Oficina de Operaciones de Asistencia Técnica de las Naciones Unidas, Quito, 1966). Tales características concurren diferentemente en empresas de sectores diversos con variantes determinadas, además, por el medio local, lo que imposibilita establecer una delimitación única de las categorías de* industria pequeña, mediana y grande. *Las definiciones de tipo estadístico por cuya adopción se han inclinado los países de América Latina tratan de dar, de todos modos, una idea aproximada de las distinciones entre estas categorías, siendo relativamente frecuente que se considere empresa artesanal a la que ocupa de una a cinco, empresa pequeña, la de rango de 6 a 20 y empresa mediana, a la que dispone de 21 a 50 ó 100 trabajadores. Otras veces, las distinciones estadísticas o legales entre los distintos tipos de empresas contemplan el capital invertido, el volumen de ventas, o la fuerza motriz, así como otras características. Para fines de comparación cabe indicar que en el Japón se ha considerado, para determinados efectos legales, un tope de 500 personas empleadas para la calificación de pequeña empresa, mientras que Small Business Administration, de Estados Unidos, utiliza una clasificación según la cual la pequeña empresa es aquella que tiene hasta 250 empleados. Empresas que cuentan en dicho país entre 250 a 1.000*

Reimpreso de la revista
Ciencia Interamericana
OEA, 1978, Vol. 19,
No. 2, p.6

Zoltán Szabó
Departamento de Asuntos Científicos
Organización de los Estados Americanos

CAPÍTULO XIV

MERCADOTECNIA Y PROMOCIÓN DE VENTAS

El estudio e investigación del mercado que la empresa intenta servir es, tal vez, uno de los aspectos más importantes de la administración de una firma.

Este es un área en la cual el empresario no debe economizar en la búsqueda de datos e información, que le sean útiles para el constante proceso de planear la futura dirección de la firma. Cuanto más conoce un empresario sobre el mercado que planea penetrar, o en el cual ya se desenvuelve, mejores son sus oportunidades de alcanzar el volumen de ventas deseado. En realidad, las características sociales y psicológicas que muestra el consumidor local en muchos casos ejercen una influencia determinante en la forma en que deben de organizarse los diferentes departamentos de una empresa.

Desgraciadamente, es muy común que el empresario descuide esta actividad y trate de llevar a cabo planes previamente elaborados, sin tener en cuenta las realidades del mercado.

Este capítulo le dará al lector una serie de ideas y lo pondrá en contacto con una variedad de métodos de mercadotecnia, que le permitirá apreciar las características de la sociedad de la que forma parte la empresa y cómo mejor servir dicho mercado.

Investigaciones de mercado

El primer aspecto que la investigación de mercado debe aclarar es la identificación de los clientes potenciales de la empresa. En dos palabras, se hace necesario obtener una respuesta adecuada a la siguiente pregunta:

¿Quiénes son mis clientes?

La respuesta a esta pregunta dependerá de los siguientes factores:

a. ¿Qué tipo de negocio se tiene?

b. ¿Qué tipo de producto se vende?

c. ¿Cuál es el grado de competencia a que debe de hacerle frente?

Si la empresa ha estado operando ya por algún tiempo, el primer paso debe de ser la preparación de un perfil económico de cada cliente actual.

La preparación de este perfil económico requerirá obtener la siguiente información, la cual está disponible en los libros de contabilidad de la empresa:

1. El nombre del cliente.

2. Ventas durante el año en curso.

3. Ventas totales durante cada año anterior.

4. Diferencia entre las ventas realizadas durante el año en curso y las ventas realizadas en el peor de los años anteriores.

5. Diferencia entre las ventas realizadas durante el año en curso y las ventas realizadas en el mejor de los años anteriores.

Una vez obtenida la información anterior empiece por observar y determinar cuantos de los clientes que usted tenía hace tres o cuatro años están todavía comprándole mercancías a usted, cuántos de los que le compraban hace tres años todavía lo hacen, etc. Aquellas cuentas que están inactivas deberán ser investigadas y el antiguo cliente visitado o llamado para conocer las causas por las cuales dejó de comprar en la firma. Una vez que se sepa por qué las ventas están decayendo se deberán tomar medidas correctivas.

Tan pronto como se le haya prestado atención a las cuentas inactivas, el siguiente paso deberá ser el revisar las cuentas que han ido en aumento en los últimos años y determinar a qué se deben los aumentos de ventas en esas cuentas. Mucho se puede aprender de las razones que estimularon a dichos clientes para aumentar sus compras a la empresa.

Otro aspecto de importancia es la determinación de qué parte del mercado existente es cubierta por la empresa. La respuesta a esta pregunta también es posible obtenerla por medio de una adecuada investigación del mercado.

Para poder estimar qué porción del mercado le pertenece a uno, primero que nada es necesario saber cuál es realmente el mercado que uno sirve y esto a su vez demanda conocer cuál es el área geográfica que uno cubre, y también poder estimar el potencial de ventas del tipo de artículos que uno vende, así como la distancia entre el lugar donde está ubicada la firma y donde están los clientes que se intenta servir, particulares que son de crítica importancia en la determinación del mercado. Por ejemplo, una tienda de ventas de ropa de hombre de tamaño grande en una ciudad de tamaño mediano, pudiera tener un mercado que abarque un radio de 150 kilómetros a la redonda. Por otro lado, una pequeña farmacia situada en el centro comercial de la ciudad, atraería clientes solamente del núcleo central de la misma, y tal vez de los suburbios. Es importante pues, tener en cuenta que la distancia es un factor vital en la determinación del área de mercado, que es abarcada por la empresa. El tiempo que le toma a un cliente caminar o viajar en ómnibus desde su casa al lugar donde está ubicada la firma es de extrema importancia. Otra pregunta que debe de ser contestada es si el cliente tiene la opción de visitar otro establecimiento similar situado en el camino desde su casa hasta donde está ubicada la empresa. En dos palabras, también es de suma importancia lograr identificar y saber la ubicación de la competencia.

Una vez que se tienen respuestas adecuadas a las preguntas anteriores, el empresario deberá, empleando un mapa de la ciudad, trazar un diagrama que represente el área de tráfico comercial y que no es más que el territorio sobre el cual la firma ejerce cierta fuerza de atracción.

Lograda identificar la zona de tráfico comercial, el próximo paso es obtener información relativa al volumen de venta en el tipo de mercancía que uno vende. Es aquí, donde el empleo de datos estadísticos y censales es de gran utilidad. Una manera de estimar la cantidad de mercancía vendida por la empresa y los competidores en el territorio es empleando información y datos directos. Por ejemplo: supongamos que una empresa se dedica a la venta de automóviles. Si se tienen datos del número de autos vendidos durante el período en la ciudad o en la provincia, y el área o zona de tráfico comercial estimada para la empresa es del 20 por ciento de la provincia, el 20 por ciento de la totalidad de dichos automóviles vendidos en lo que debe de considerarse como el mercado potencial para la firma.

En el caso de que se trate de una firma que vende ropa, si se sabe la cantidad de $ que cada familia gasta en ropa anualmente, uno puede multiplicar esa cantidad por el número de familias que viven en la zona de tráfico comercial y así determinar la totalidad del mercado.

Resumiendo, podemos decir que la zona de tráfico comercial, si bien es difícil de precisar su tamaño, existe y depende de los siguientes cuatro factores.

1. El número de clientes que visitan regularmente el establecimiento está en función de las distancias respectivas del lugar donde residen y el lugar donde está situado dicho establecimiento.

2. El número de clientes que visita la empresa varía en proporción a la amplitud y selección del inventario de mercancía que la empresa tiene.

3. Las distancias que los clientes están dispuestos a recorrer para llegar a diferentes áreas comerciales varía según los diferentes tipos de productos ofrecidos por cada área comercial.

4. La atracción que ejerce una firma en particular está influenciada por la proximidad de firmas competidoras.

Cómo estimar la porción del mercado que le corresponde a la empresa

Después que se ha estimado la totalidad de las ventas del tipo de artículo o mercancía en que uno se especializa, el próximo paso es la determinación de la porción del mercado que a uno le corresponde.

Supongamos que se tiene una joyería y que se ha podido determinar que el volumen de ventas de joyas en la zona de tráfico comercial es de $5,000,000. Si las ventas de la empresa en el año anterior fueron de $500,000, la porción del mercado que uno controla es del 10 por ciento. Ahora bien, si estudios adicionales indican que la totalidad del mercado de joyas en la zona ha estado aumentando en un 20 por ciento, es obvio que el mantener un mismo volumen del mercado total a través de los años no es consecuente con un crecimiento adecuado de la firma, ya que progresivamente la porción del mercado irá disminuyendo. En dos palabras, si el mercado total aumenta de $5,000,000 a $6,000,000, esto es, un 20 por ciento, la firma deberá aumentar sus ventas a $600,000 para mantener el mismo por ciento del mercado.

El lector debe comprender que siempre es posible que algunas empresas detallistas pequeñas no puedan obtener estimados del volumen de venta total en la zona de tráfico comercial del tipo de mercancía que ellos venden. Ahora bien, el empresario puede en una forma relativamente fácil obtener datos del aumento de población que ha ocurrido en los últimos años, así como el aumento en ventas al detalle de todo tipo de mercancía. Supongamos que un empresario obtenga la información que la población del área ha estado creciendo a razón del 30 por ciento por año, y que la totalidad de las ventas al detalle de la zona ha estado aumentando a razón de un 25 por ciento o aproximadamente, esto es, un 5 por ciento menos que el aumento de la población. Entonces, él debe concluir que sus ventas deben aumentar alrededor de un 25 por ciento anual para poder retener la misma porción del mercado.

De dónde obtener información para el estudio del mercado

Como quiera que es siempre extremadamente costoso el contratar un especialista en mercadotecnia para que haga un estudio, es inevitable que la responsabilidad de buscar y obtener datos recaiga sobre los hombros del propio empresario.

Algunas de las fuentes disponibles son las siguientes:

1. Bibliotecas públicas.

2. Asociaciones de comerciantes.

3. Cámaras de comercio.

4. Departamentos gubernamentales.

5. Abastecedores.

6. Visita a periódicos locales y entrevistas con reporteros y editores.

7. Bancos comerciales.

No queremos terminar esta sección sin especificar que si bien es verdad que el empresario pudiera llevar a cabo la encuesta o recolección de datos él mismo, de ser posible sería más conveniente contratar los servicios de un investigador de mercado ya que ello aseguraría la eficacia de la encuesta.

Tipos de encuesta al alcance del pequeño empresario

Como quiera que un estudio de mercado a fondo es usualmente costoso, es posible que el empresario desee por sí mismo llevar a cabo cierta clase de encuesta, asignádole a este tipo de actividad un presupuesto limitado.

Entre las técnicas disponibles tenemos las siguientes:

1. Entrevistas personales.

2. Entrevistas telefónicas.

3. Envío de los cuestionarios por correo.

Las ventajas y desventajas de cada una de estas técnicas son las que siguen.

La entrevista personal es lo que generalmente genera mayor cantidad de datos para ser posteriormente empleados en el análisis; pero este procedimiento es obviamente el más costoso en términos de tiempo personal y costos de transporte. En caso de que se escoja este método, deberá obtenerse la presencia de un entrevistador experto y entrenado. El entrevistador bien entrenado podrá asegurarse bien de que la persona entrevistada comprende las preguntas y, en algunos casos, puede organizar las respuestas en la forma que le sea más útil al analista que empleará los datos recogidos.

No queremos dejar esta sección relativa a la entrevista personal, sin hacer énfasis que una parte o elemento esencial de la entrevista es el cuestionario. La lista de preguntas que lleva consigo el entrevistador deberá haber sido preparada en una forma sistemática y que permita al analista llegar a conclusiones claras, precisas en relación al asunto que se está investigando. Demás está decir, que en la entrevista telefónica, así como en el envío de los cuestionarios por correo, también es importante la construcción correcta de las preguntas.

Una segunda alternativa a la entrevista personal es la entrevista telefónica. Este procedimiento es más barato y rápido y también genera una alta proporción de respuestas satisfactorias. Desgraciadamente, no todas las personas tienen teléfono y esto pudiera viciar desde el principio los resultados de la investigación. Un segundo problema con la entrevista telefónica es que no se presta a un interrogatorio que consista de preguntas complejas o de naturaleza delicada.

El envío de cuestionarios por correo es a menudo el método menos costoso, especialmente si se trata de cubrir un área geográfica relativamente grande. Desafortunadamente, las estadísticas indican que la respuesta a cuestionarios enviados por correo fluctúa entre el 10 y el 30 por ciento. Esto requiere que en muchos casos un segundo y hasta un tercer envío de cuestionarios por correo sea necesario.

Una obvia limitación adicional es que las preguntas contenidas en el cuestionario tienen que ser pocas y lo más simple que sea posible.

Es bueno que el lector conozca que la mayoría de los pequeños negocios no disponen de personal con talento necesario para llevar a cabo un estudio de mercado a profundidad. Un buen investigador deberá estar familiarizado con técnicas y métodos que provengan de múltiples disciplinas incluyendo contabilidad, estadístiscas, psicología, matemáticas y economía.

Si el empresario no dispone dentro de su organización de personal capacitado debe intentar obtener asistencia de firmas que se especialicen en este tipo de estudios. Si bien es verdad que los buenos estudios de investigación de mercado son relativamente costosos, los malos estudios de investigación a la larga son aún más costosos, ya que las conclusiones a que se arriban en ellos pueden hacer que el empresario tome decisiones equivocadas.

Promoción de ventas, venta personal y publicidad

La estrategia que el empresario debe llevar a cabo a los efectos de atraer clientes a la tienda o fábrica, con el objetivo final de concluir una venta de mercancía o servicios, puede ser clasificada en tres tipos de actividad. Promoción de ventas, venta personal y publicidad.

Por *promoción de ventas* se entiende el esfuerzo especial que lleva a cabo una empresa para mejorar sus cuentas y retener sus clientes. Ejemplo de actividades que caen dentro de la definición de promoción de ventas tenemos: exhibiciones de mercancía o demostraciones de servicio, exposiciones y otras actividades que no sean de carácter repetitivo. Estas actividades pueden ser dirigidas específicamente a los clientes y consumidores con el propósito de incitarlos e inducirlos a comprar, o estar dirigidos a mayoristas y detallistas para que adquieran y promuevan el producto fabricado por el pequeño empresario en su planta.

Algunas de las campañas de promoción de ventas que puede llevar a cabo una pequeña empresa son las siguientes:

a. *Regalar muestras.* La distribución de muestras gratis del producto es una manera de poner en contacto al cliente con la firma. En la mayoría de los casos este tipo de promoción es financiado parcialmente por el mayorista o fabricante del producto.

b. *Cupones de regalo.* Estos cupones pueden aparecer como parte de los anuncios de la empresa en los periódicos, y su función principal es estimular ventas, a cambio de ofrecerle un descuento en las compras al cliente.

c. *Rifas y concursos.* Rifas y concursos pueden servir como un medio de atracción muy potente, ya que facilitan que el cliente visite la tienda y tenga la oportunidad de observar la mercancía que se tiene en exhibición.

d. *Ventas especiales.* Estas son ventas que pueden ser llevadas a cabo periódicamente y que se caracterizan por rebajas substanciales en los precios de la mercancía en venta. Ejemplo de ventas especiales son aquéllas de fin de año, y las que están relacionadas con fiestas locales o nacionales.

La segunda actividad llevada a cabo como parte de la estrategia de atraer clientes a la empresa es la de la *venta personal*. Esta se basa en la presentación por medio de una conversación de los productos y mercancías que la empresa vende. Es obvio señalar que un personal de venta bien entrenado, cortés y que conozca bien el tipo y la calidad de la mercancía que está vendiendo tendrá grandes probabilidades de realizar la venta y a la vez estimulará el desarrollo de un alto grado de confianza en el cliente hacia la empresa, lo que hará que éste vuelva a visitar la firma.

En otra parte del libro se ha discutido la selección del personal y la necesidad de un adecuado entrenamiento de manera que su contacto personal con la clientela además de grato sea eficiente.

Por último, está la actividad de la *publicidad,* la cual puede definirse como cualquier forma de presentación y promoción pagada, no personal, de mercancía o servicios por una persona o empresa identificada.

La pequeña empresa, que generalmente opera con recursos limitados, a menudo se ve ante la encrucijada de tener que seleccionar el medio mejor para llevar su mensaje al público consumidor. Antes de poder escoger en forma satisfactoria el mejor vehículo de publicidad, el pequeño empresario deberá identificar primero cuál es su objetivo de ventas y, después y en forma racional, presupuestar cierta cantidad de recursos para la campaña de publicidad.

Los *objetivos de ventas* serán identificados y seleccionados como parte de la planificación del futuro de la empresa. Estos objetivos pudieran consistir en alcanzar determinado volumen de ventas; penetrar algún nuevo tipo de mercado o introducir una nueva línea de productos. Cualesquiera que sean estos objetivos tendrán un impacto substancial en el contenido y forma de la campaña de publicidad. En realidad se puede decir que la efectividad del programa de publicidad estará en proporción directa al progreso hacia la obtención de los objetivos perseguidos.

El tamaño del presupuesto de publicidad está en función de los objetivos publicitarios que se quieren alcanzar. Desgraciadamente, la mayoría de los pequeños empresarios establecen la cantidad que van a emplear para anunciar en base a lo que ellos estiman que la compañía puede gastar. En dos palabras, no hacen la determinación a base de un método matemático o analítico, sino a base de una apreciación extremadamente subjetiva.

Dos métodos más objetivos son los siguientes: a) el de un porcentaje de ventas y b) el de establecer la cantidad necesaria para hacerle frente a la competencia.

El emplear un *porcentaje de ventas,* como método para determinar la cantidad que se dedicará a la publicidad, obliga al empresario a pensar en términos de la relación que existe entre los costos de publicidad y el precio de venta, así como utilidad por unidad de venta.

Si la firma ha estado operando por algún tiempo es posible revisar los registros y hacer una comparación del volumen de ventas y el de lo gastado en publicidad, a los efectos de obtener una razón entre gastos de publicidad y ventas.

Este método ha sido criticado porque según algunos se basa en un razonamiento circular, en vista de que mira al volumen de ventas como la causa de los gastos de publicidad en vez de ser al revés.

El método que se basa en *lo que gastan los competidores,* para determinar el presupuesto de publicidad de la firma, tiene su justificación, según algunos, en que dichos gastos representan la inteligencia colectiva de la industria.

La cuestión de la selección del medio de publicidad es también de gran importancia, ya que los costos de los diversos medios varía grandemente. Entre aquellos medios que están al alcance de la pequeña empresa tenemos el periódico, la radio, volantes, revistas, etc. Por lo general, la televisión, debido a sus altos costos, está más allá de los recursos disponibles de una empresa pequeña.

El periódico es el instrumento más útil al alcance de la pequeña empresa debido a lo moderado que son sus costos. Desde el punto de vista de efectividad cubre un área geográfica específica y llega a personas de todas las clases sociales. En caso de que el empresario desee concentrar su esfuerzo publicitario en una parte de la ciudad, pudiera decidirse a situar sus anuncios en un periódico regional, que circule solamente en dicha zona.

La radio es otro canal extremadamente satisfactorio para alcanzar grandes zonas de población. Los costos tampoco son muy altos y tienen la ventaja de que los anuncios por radio pueden ser programados con mayor o menor intensidad, según lo desee el empresario. Uno de los problemas con este tipo de medio es que el mensaje quizás no llegue a la persona por no estar escuchando la radio. Inclusive, es posible que aun cuando esté escuchando la radio no le esté prestando la atención debida al mensaje.

Otros dos métodos al alcance de la pequeña empresa son: la distribución de propaganda por medio de volantes y el de una campaña de publicidad empleando el correo.

El uso de *volantes* es relativamente barato, ya que el costo de producción es bajo y la distribución pudiera ser llevada a cabo por medio de los propios empleados de la firma o en la propia firma cuando el cliente sale o entra.

El uso del *correo* es más costoso, pero se presta al desarrollo de una propaganda sistemática y permite la selección de la audiencia que se desea que reciba el mensaje.

Imagen que la empresa proyecta

Uno de los objetivos primarios que la estrategia general de promoción trata de alcanzar es la de establecer de una forma clara en la mente del cliente en particular y del público consumidor en general, una imagen favorable de la empresa.

Es lógico que el empresario sea el que tiene que seleccionar el tipo de imagen que desea promover. Parte de esta imagen es basada en un criterio, que está compuesto de una serie de variables tales como:

1. Variedad de líneas que la empresa tiene en su inventario de mercancía.
2. Tipos y clases de marcas que se representan.
3. La calidad del servicio personal que el personal de venta y técnico presta al público consumidor.
4. La variedad de precios en existencia.
5. La variedad de servicios no personales que la empresa ofrece, tales como tarjetas de crédito, crédito, servicio de entrega de mercancía, etc.
6. La atmósfera en general que la empresa ofrece al cliente.

Como se vé son numerosas las variables —y no han sido enumeradas todas— que contribuyen a forjar una imagen de la empresa en la mente del cliente.

El empresario, una vez que ha escogido el tipo de imagen que desea proyectar, procederá a canalizar el contenido de su publicidad, el esfuerzo de venta personal y los servicios y facilidades que ofrece su firma en dirección de alcanzar dicho objetivo. La imagen en sí puede estar relacionada con la ubicación de la firma (prestigio, fácil de llegar a ella, etc.), con el tipo de mercancía que vende (cara, barata, último modelo, etc.), o con el tipo de cliente que la visita.

Comentarios finales en relación a la promoción de ventas

Ya se esté en el giro como detallista, mayorista o fabricante, el empresario debe asegurarse de que el dinero invertido en publicidad cumpla el objetivo previamente señalado. A este efecto se debe, en forma continuada, medir el resultado de cada esfuerzo de la publicidad y de cada campaña de promoción. Específicamente deben de analizarse y estudiarse todos los anuncios en relación con sus resultados. Aquellos anuncios o campañas que son efectivos deberán ser repetidos, teniendo en cuenta los cambios lógicos que han ocurrido a través del tiempo.

El entrevistar a los clientes que visitan la empresa y preguntarles qué les gusta o disgusta de la publicidad de la firma es un medio barato, y relativamente efectivo, de obtener información. Lógicamente, algún tipo de encuesta, llevada a cabo periódicamente, contribuiría grandemente a mejorar este tipo de información.

SUMARIO

1. Existen una serie de técnicas de mercadeo que le permiten al empresario apreciar las características de la sociedad de la que forma parte la empresa y como mejor servir dicho mercado.

2. Una de las preguntas que el empresario debe obtener respuesta es la relativa a cuáles son los clientes de la empresa.

3. Una manera que tiene la empresa de aumentar sus ventas es por medio de un análisis de las cuentas inactivas y la identificación de las causas de por qué dichos clientes ya no compran tan a menudo.

4. La identificación de la zona de tráfico comercial debe ser llevada a cabo por medio de datos estadísticos y censales.

5. La zona de tráfico comercial depende de varios factores entre ellos: el número de clientes que visitan regularmente el establecimiento, la amplitud y selección del inventario de mercancía de la empresa y la existencia de competidores en su cercanía.

6. Algunas de las fuentes disponibles para obtener datos relativos al mercado son: bibliotecas públicas, asociaciones de comerciantes, departamentos gubernamentales, abastecedores, etc.

7. La estrategia que el empresario debe llevar a cabo a los efectos de atraer clientes a su firma es ejecutada por medio de promoción de ventas, venta personal y publicidad.

8. La venta personal, para que sea efectiva, requiere de un adecuado entrenamiento por parte del personal de ventas.

9. El periódico es el instrumento más útil al alcance de la pequeña empresa debido a lo moderado de su costo.

Preguntas de repaso

1. ¿Por qué es importante la identificación de los clientes potenciales de la empresa?

2. ¿Qué es la zona de tráfico comercial?

3. ¿Cómo puede un empresario determinar la porción del mercado que le corresponde?

4. ¿De dónde se puede obtener la información necesaria para un estudio de mercado?

5. ¿Cuáles son las ventajas y desventajas de la entrevista personal, de la entrevista telefónica?

6. ¿Qué se entiende por promoción de ventas?

7. ¿Qué ventajas hay en anunciar en periódicos?

8. ¿Cómo se determina el tamaño del presupuesto de publicidad?

9. ¿Por qué es importante la selección de un medio adecuado de publicidad?

BIBLIOGRAFÍA

CAPÍTULO 14

Boone, Louis E., James C. Johnson. *Marketing Channels*. Morristown: General Learning Press, 1973.

Dixon, Wilfrid, J., Frank J. Massey, Jr. *Introducción al análisis estadístico*. Madrid: Libros McGraw-Hill, 1965.

Freund, John E., Frank J. Williams. *Elementos modernos de estadística empresarial*. Englewood Cliffs: Editorial Prentice-Hall Internacional, 1973.

González, Antonio J., Domingo Felipe Maza Zavala. *Tratado moderno de economía general*. Cincinnati: South-Western Publishing Co., 1976.

Kotler, Philip. *Marketing Management Analysis, Planning and Control*. Englewood Cliffs: Prentice-Hall, Inc., 1967.

McCarthy, E. Jerome. *Basic Marketing a Managerial Approach*. 3ra. ed. Homewood: Richard D. Irwin, 1968.

Shao, Stephen P., Cristina Rodríguez. *Matemáticas y métodos cuantitativos, para comercio y economía*. Cincinnati: South-Western Publishing Co., 1978.

Taylor, Weldon J., Roy T. Shaw, Jr., Eduardo López-Ballori: *Fundamentos de mercadeo*. Cincinnati: South-Western Publishing Co., 1977.

COMUNICACIÓN EN MASA

Además de la comunicación personal, las empresas comerciales necesitan comunicarse con el público consumidor. Para ahorrar costos y poderse comunicar con todo el público al mismo tiempo, la forma más conveniente es la *comunicación en masa*. O sea, enviar un mensaje a un gran número de personas al mismo tiempo. Así pues, programas de radio o de televisión son formas de comunicación en masa, así como carteleras, periódicos, revistas, películas, todos son medios de comunicación en masa.

La comunicación en masa resulta algo diferente a la comunicación personal. El llegar a muchas personas a la misma vez, tiene la desventaja de que pierde el contacto y la atención personal. Pero por otro lado, la comunicación personal resulta muy costosa, tanto en tiempo como en dinero.

EL ANUNCIO

El uso de la comunicación en masa se ha generalizado, especialmente en grupos, tales como: las empresas comerciales, el gobierno, las instituciones educativas, las organizaciones caritativas, profesionales y obreras. Entre las formas de mayor uso predomina el *anuncio*. De esta forma las empresas comerciales hacen saber al público los productos y servicios que tienen a la venta. El anuncio es algo impersonal, pero persuasivo, en cuanto al mensaje que lleva en relación a la comunicación de ideas, productos y servicios.

TIPOS DE ANUNCIOS

El anuncio, de acuerdo con el propósito básico que persigue el anunciante para persuadir al público a que patrocine su producto, servicio o idea, se clasifica de la siguiente manera:

1. *Anuncio de promoción:* En este tipo de anuncio se trata de conseguir acción de parte de los que reciben el mensaje. La acción que se desea estimular es que el prospecto compre lo que se está vendiendo. El anunciante trata de persuadir a su audiencia a que compre determinado tipo de jabón o marca de perfume, o que acuda a su peluquería, etc.

2. *Anuncio institucional:* En este anuncio la empresa lo que desea es conseguir el patrocinio y la lealtad hacia la compañía. El mensaje no tiene el propósito inmediato de promover la venta de determinado servicio o producto. Por ejemplo, un anuncio de un banco sobre el extraordinario programa que habrá de auspiciar por determinada estación de televisión, no es necesariamente para persuadir al público a que patrocine sus servicios.

3. *Anuncio de servicio público:* Hay otros anuncios que tienen como propósito persuadir a la audiencia a tomar determinada posición en relación a algún movimiento o legislación de carácter económico, social o político. Esta clase de anuncio se denomina de servicio público. Los hay pagados o gratuitos. El gratuito es aquel que tiene como propósito mejorar algún servicio de carácter social o económico sin favorecer a ningún sector público en particular. Por ejemplo, los anuncios por televisión y radio para combatir el uso de las drogas, el alcoholismo, el desempleo y los accidentes de tránsito.

Reimpreso del libro **Principios de Comercio**, *Carmen I. Rodríguez de Roque, South-Western Publishing Co., 1975, pp.245,246.*

CAPÍTULO XV

VENTAS A CRÉDITO Y CONTROL DE INVENTARIO

Aunque a primera vista parezca que la decisión de ofrecer o no ofrecer ventas a crédito no tiene relación con el nivel de los inventarios, sí lo tiene, pues estas dos cuestiones están íntimamente ligadas a través de lo que comúnmente se conoce como el *ciclo operacional*, que no es nada más que el tiempo que le toma al efectivo invertido en ser transformado en mercancía, cuya venta a crédito con posterioridad se recauda del cliente.

Es obvio que una empresa que planee ofrecer crédito deberá proveer suficiente capital líquido para que sea inyectado progresivamente en la firma, de modo de poder reemplazar aquel inventario que salió de la empresa por concepto de ventas.

Lo interesante de esta relación; crédito — nivel de inventario, es que a medida que la empresa aumente sus ventas a crédito, más necesario se hace adquirir nueva mercancía, como dijimos en el párrafo anterior, que reemplace la saliente.

Este capítulo tratará, por lo tanto, de establecer ciertas reglas y parámetros que le permitirán al lector desarrollar su propio criterio en relación a si su empresa debe o no debe ofrecer crédito a su clientela.

El otro objetivo del capítulo será el familiarizar al lector con un método práctico de control de inventario cuyo propósito es reducir al mínimo los *costos* asociados a los inventarios.

Ventas a crédito

La decisión de si se le debe o no ofrecer al cliente la oportunidad de comprar a crédito es algo que no se puede tomar sin tener en cuenta los siguientes factores:

a) Si la venta a crédito es algo común en el tipo de sector o industria en que se desenvuelve el negocio.

b) La cantidad de capital adicional necesario que habrá que invertir para poder sostener una adecuada campaña de ventas a crédito.

c) El sistema que habrá que establecer para garantizar una adecuada selección de clientes y el eficiente cobro de las cuentas por cobrar.

d) La necesidad de emplear, o tal vez reentrenar, personal capacitado para el manejo de esta nueva fase del negocio.

Todos estos factores deberán ser evaluados en detalle y, sobre todo, el empresario tendrá que desarrollar una política administrativa relativa a las ventas a crédito que deberá tomar en cuenta lo siguiente:

a) El término que se habrá de conceder a los clientes para el pago, bien sea 30, 60 ó más días.

b) El proceso por medio del cual se selecciona al cliente que recibirá crédito.

c) La cantidad de crédito que se le conceda al cliente.

d) El sistema de contabilidad que habrá que instalar.

e) El método de cobro que habrá que emplear y el manejo de las cuentas atrasadas.

Tipos de cuentas por cobrar

Si la empresa es una fábrica o un mayorista, es lógico que esta firma ofrezca crédito a los detallistas que venden el producto al público consumidor. Este tipo de crédito, conocido como crédito comercial, es aquél en que la mercancía se vende sujeta a ciertos términos de ventas específicas, tales como 2/10 neto 30. Es decir que el comprador puede obtener un dos por ciento de descuento si hace el pago dentro de diez días. En caso de que el pago no se hiciese en diez días el comprador está obligado a pagar el monto total de la factura dentro de treinta días. Otra serie de términos de crédito comercial son los que siguen:

a) 3/10, 1/15, n/60. Tres por ciento de descuento durante los primeros diez días, un por ciento de descuento durante quince días y el precio total de la factura se vence en 60 días.

b) 2/10, n/30, M.D.M. Dos por ciento de descuento durante los primeros diez días, el precio de la factura se vence en 30 días; pero ambos períodos comienzan desde el día 15 del mes siguiente a la fecha de venta.

c) 2/10, n/30, F.D.M. Dos por ciento de descuento durante diez días; la factura se vence en el día 30 — pero ambos períodos comienzan a partir del fin del mes en el cual la venta fue realizada.

En caso del detallista que vende a crédito directamente al público, algunos de los tipos de cuentas con que el empresario debe de familiarizarse son los siguientes:

a) Cuenta a crédito de 30 días. Este tipo de cuenta le extiende crédito a los clientes y les permite adquirir mercancía a crédito durante el mes y pagar el saldo total de la cuenta a fin de mes.

b) Cuentas rotativas. Es muy parecida a la tradicional cuenta de ventas a crédito en el sentido de que el cliente puede comprar mercancía a crédito y pagarla al final del período de treinta días. Sin embargo, difiere de la cuenta a crédito de 30 días en que el cliente no está obligado a pagar todo lo comprado mensualmente. Este tipo de cuenta solamente requiere un pago parcial de la cantidad adeudada. El pago mínimo se basa en el saldo pendiente. Como es lógico, cierta cantidad de interés en el saldo que queda después del pago mensual es cargado a la cuenta.

c) *Ventas a plazos*. Este tipo de cuenta a menudo fluctúa entre 24 y 36 meses y se consideran como activos corrientes si dichos plazos corresponden a condiciones usuales dentro de la industria. Las cuentas a plazos se emplean usualmente cuando el cliente adquiere artículos o mercancía cuyo costo asciende a cientos o miles de pesos. Tal es el caso de automóviles, muebles, cocinas, etc. Normalmente el cliente tiene que firmar un contrato de venta a plazos y este contrato deberá de contener información tales como la cantidad que será financiada, y la tasa de interés que se pagará por la cantidad adecuada.

Desde el punto de vista de la liquidez de la firma el empleo del sistema de ventas a plazos por períodos largos requeriría un financiamiento especial. Por lo general en caso de firmas pequeñas los saldos de las cuentas por cobrar —en forma de contratos de ventas a plazos— se acostumbra venderse a bancos comerciales, compañías de financiamiento, etc.

Selección del cliente que recibirá crédito

La aprobación de crédito a un cliente es un proceso que requiere una serie de etapas.

La primera consiste en llenar una solicitud de crédito, la cual contiene cierta información básica que normalmente incluye:

1. Nombre y dirección, tanto presente como pasada.

2. Empleo actual. Posición que ocupa. Tiempo que lleva en la firma. Dirección del empleador.

3. Estado financiero actual. Específicamente el salario mensual, otros ingresos, propiedades que se tiene, etc.

4. Banco en el cual tiene cuenta.

5. Información relativa a la familia.

6. Lugares donde actualmente tiene crédito.

7. Cantidad de crédito que se desea.

Una vez que la solicitud ha sido llenada se procede a comprobar si dichos datos son correctos. En realidad lo que se trata es de llegar a una evaluación del cliente que revele sus condiciones favorables o negativas.

Lo que se desea es conocer si la persona que busca obtener crédito llena los requisitos, lo que comúnmente se llaman las cuatro "C del crédito"; carácter, capacidad, capital y condiciones.

Cuando nos referimos al *carácter* de una persona nos referimos fundamentalmente a la integridad y honestidad que deben servir de fondo a todo tipo de transacciones de negocio. Esta característica —el carácter— de una persona es considerado por muchos analistas de crédito como el factor fundamental.

La *capacidad* se refiere a la habilidad del cliente de conservar sus activos y, en forma cuidadosa, elaborar y llevar a cabo planes financieros. En la misma forma que el carácter —la capacidad— es un intangible que es difícil de medir.

El *capital* consiste en el efectivo y los activos que posee el individuo. Aquí afortunadamente es fácil obtener una medida exacta en términos de dinero.

Por *condiciones generales de negocio* se entiende aquellos factores económicos que pueden afectar favorable o desfavorablemente el pago de deudas.

Una vez que se ha llegado a una decisión positiva relativa al cliente y su crédito el próximo paso será el de determinar la cantidad de crédito que se le ofrecerá. Es importante que hagamos énfasis en que la decisión de dar crédito o no es totalmente independiente de la cantidad de crédito que se le ofrecerá al cliente. Esta parte —la cantidad de crédito que se cree que un cliente puede manejar satisfactoriamente— se puede decir que es la segunda etapa del proceso de adquisición de crédito por parte del cliente. Aquí son varios los factores a tomar en consideración, entre ellos tenemos:

a) La capacidad del cliente de pagar la obligación cuando ésta se venza. Lógicamente, la determinación de dicha capacidad estará medida en función de los recursos financieros, nivel de ingresos y grado de endeudamiento que afronta el cliente.

b) ¿Para qué el cliente va a usar el crédito? Lógicamente el crédito otorgado para la compra de un automóvil será diferente que el crédito para la compra de artículos personales en una tienda al detalle.

En el caso de crédito comercial, es decir aquel entre fabricantes y mayoristas y detallista, la firma que ofrece el crédito normalmente requerirá que la empresa que desea comprar a crédito le suministre una serie de estados financieros —hoja de balance y estados de ingresos y pérdidas— de varios períodos, tres o cuatro preferiblemente y estos estados entonces serán evaluados a los efectos de la determinación de si se concede o no crédito y del monto de éste en caso de una decisión afirmativa.

La tercera etapa en el establecimiento de un método eficiente de ventas a plazos es el de la instalación de un sistema de contabilidad que garantice un adecuado control de dichas ventas y permita una periódica evaluación de las cuentas por cobrar. En el Capítulo IX tratamos extensamente sobre los libros de contabilidad que eran necesarios para mantener un eficiente sistema de contabilidad. En aquella ocasión mencionamos libros auxiliares y nos referimos al mayor de cuentas por cobrar.

La función del mayor *auxiliar de cuentas por cobrar* es mantener un registro cronológico y continuo de las transacciones que afectan cada una de las cuentas de los clientes. Periódicamente el contador de la firma deberá preparar lo que es conocido como un "Análisis de cuentas por cobrar por edades" lo cual permitirá al empresario tener un cuadro útil del estado de los cobros y de las probabilidades de pérdidas en los créditos. Un ejemplo de un análisis de este tipo es el que sigue a continuación.

Cliente	Total	No Vencidas	1-30 días	31-60 días	Más de 60 días
L. Fernández	$120	$120			
N. Rodríguez	300	300			
C. Sánchez	400		$400		
S. Dou	275				$275
N. García	100	100			
A. Cruz	180			$180	
Totales	$1,375	$520	$400	$180	$275
Porcentajes	100	38	29	13	20

Como podrá observar el lector tres de las cuentas están vencidas y requieren atención inmediata del empresario. Debe tenerse en consideración que mientras más atrasada se encuentra una cuenta, mayor es la posibilidad de perderla y más difícil se hace cobrarla en su totalidad.

Otro de los aspectos que tendrá que tomarse en cuenta en relación al control de las cuentas por cobrar es aquél que trata de la determinación y creación de una provisión para cuentas malas o dudosas, la cual tiene por finalidad lograr dos objetivos:

a) Cargar la pérdida por la venta a crédito de las mercancías a los clientes cuyas cuentas resulten imposibles de cobrar contra los resultados del período en que se originó la pérdida.

b) Mostrar el valor realizable estimado de las cuentas de los clientes.

Como quiera que la determinación del porcentaje y el tipo de ajuste que se requiere es algo que cae de lleno dentro del campo de la técnica contable, quisiéramos señalar que esto es un problema que debe ser resuelto con el asesoramiento de un contador público, el cual también deberá ser responsable por la instalación del sistema de contabilidad.

La cuarta etapa es aquella que se refiere al método de cobro que habrá que emplear y cómo manejar las cuentas atrasadas. Hay que reconocer que un método sistemático de cobro es tan importante como lo es un eficiente sistema de contabilidad. Lo segundo es nada si lo primero no se implanta correctamente.

El procedimiento de cobro se inicia con el envío por correo al cliente de la factura de la mercancía adquirida tan pronto ésta sea enviada. La factura le informará al cliente del costo total de su compra, de los descuentos que se ofrecen y de la fecha de vencimiento.

El segundo paso es el envío al cliente de un estado de cuenta el cual le servirá de recordatorio de los pagos que él debe hacer. La frecuencia de estos estados varía según la estrategia de cobro vigente. Se pueden enviar estados de cuentas mensuales a todos los clientes o solamente a aquellos que están atrasados en sus pagos.

La rápida identificación de cuentas vencidas es esencial ya que tan pronto una es detectada debe entrar en acción al momento un procedimiento de cobro que consistirá en una serie de pasos, cada uno progresivamente más enérgico que el anterior, y que tendrá como objetivo único el cobro de la cantidad vencida.

La secuencia de pasos puede iniciarse por medio de tres cartas cada una más enérgica que la anterior, enviadas durante un período de tres semanas y seguidas de telegramas y llamadas por teléfono o visitas del cobrador.

Por último, queremos que quede bien aclarado que la cuestión de vender a crédito o a plazos es un asunto que debe ser considerado dentro de la estrategia total de la firma. Es decir, la venta a plazos o a crédito deberá verse como un medio adicional que la firma tiene para penetrar en el mercado y, una vez dentro de él, expandir y ampliar el alcance mercantil de la empresa. En muchos casos, inclusive la decisión de vender o no a crédito es impuesta por el mercado mismo, ya que en el tipo de giro seleccionado puede que la costumbre sea vender a plazos.

Control de inventario

Cuando nos referimos a control de inventario nos estamos refiriendo no solamente a las medidas necesarias de controles contables y administrativos a los efectos de proteger la integridad de los inventarios contra robos, fraude y deterioro sino también a la necesidad de tener una cantidad óptima de mercancía a mano que maximice el capital en ella invertido.

El lector deberá entender que la función de un inventario de mercancía es múltiple. Lo primero de todo es que sirve como un amortiguador, puesto que separa el mercado y sus altas y bajas de la línea de producción, dándole tiempo al empresario de planear los necesarios cambios de dirección para hacerle frente a los cambios del mercado. También el inventario contribuye en forma substancial a minimizar la interrelación entre diferentes segmentos de la organización y, con ello, contribuir a una más eficiente operación de todos los departamentos.

El empresario pequeño, debido a sus siempre limitados recursos, se encuentra en medio de un difícil dilema en cuanto a la cantidad de capital a invertir en la empresa en la partida de inventario de mercancías. Este dilema es el siguiente: los costos asociados con el mantenimiento de existencias y los costos resultantes de no mantener suficientes existencias.

Entre los costos atribuibles al mantenimiento de existencias de mercancías tenemos el de obsolescencia, costo del espacio ocupado y el correspondiente seguro, así como el impuesto sobre la propiedad.

Entre los costos por concepto de falta de mercancía tenemos primero que nada la pérdida de la clientela que entra a la empresa y sale con las manos vacías sin haber hecho compra alguna al no encontrar la mercancía deseada, costos adicionales de compra y transporte, desaprovechamiento de descuentos por volumen y demás.

La forma de resolver satisfactoriamente este dilema es por medio de la determinación de un pedido de mercancía compuesto de una cantidad óptima, de manera que los costos combinados de almacenamiento y de ordenar la mercancía sean los menores. El diagrama a continuación muestra los dos tipos de costos y la cantidad óptima del pedido.

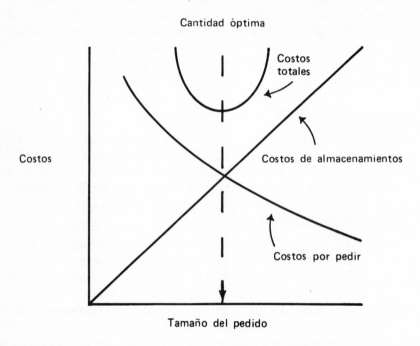

La determinación de la cantidad óptima del pedido se puede obtener resolviendo la siguiente raíz cuadrada:

$$CO = \sqrt{\frac{2\,C\,P}{A}}$$

donde CO representa la cantidad óptima del pedido, la C es la cantidad anual en ventas, la P es el costo de colocar un pedido y la A representa el costo anual de almacenar una unidad.

Supongamos que un fabricante de muebles compra a otros fabricantes cierta cantidad de piezas de madera para la construcción de gavetas, al precio de $8.00 cada pieza. Supongamos que las necesidades anuales son de 1,000 piezas, a razón de 100 piezas por día laborable. En adición disponemos de la siguiente información sobre los costos:

Rendimiento anual deseado sobre la inversión
en inventarios, 10% $\times$ $8.00 $ .80

Alquiler*, seguro e impuestos anuales por pieza,
por año   .20

   Costos de almacenamiento por unidad, anual $ 1.00

Costos por pedido de compra:

   Costos de oficina, correo, teléfono, etc.   20.00

Aplicando la fórmula de la cantidad óptima tenemos lo siguiente:

$$CO = \sqrt{\frac{2\ C\ P}{A}}$$

$$CO = \sqrt{\frac{2(10,000)\ (\$20)}{\$1.00}}$$

$$CO = \sqrt{\frac{\$400,000}{\$1.00}}$$

$$CO = \sqrt{400,000}$$

$$CO = \underline{632} \text{ es la cantidad óptima de piezas que deben ser pedidas.}$$

Una vez que se ha establecido la cantidad óptima de cada pedido el próximo paso será el de determinar la frecuencia de cada pedido. A estos efectos tenemos que establecer, primero, el nivel de existencias mínimas y segundo, conocer el tiempo que le toma al abastecedor entregarnos el pedido desde el momento que la orden es hecha.

La cantidad de existencias mínimas es determinada por medio de un estudio detallado de los registros de períodos pasados donde se identificarán las situaciones que dieron lugar a un agotamiento de los inventarios.

Vamos a suponer que hemos comprobado por experiencia que le toma treinta días —un mes— a nuestro abastecedor entregarnos la mercancía. Supongamos que hemos decidido que la existencia mínima de mercancía deseada es de 1,000 unidades y que el uso total al año de unidades es de 30,000 con un promedio de ventas mensual de 2,500 unidades.

---

* Alquiler: El costo anual de alquilar un local donde almacenar las piezas dividido por el número de piezas que se almacenan por año.

Empleando estos datos el punto de cuándo se debe poner otro pedido es determinado como sigue:

	Unidades
Existencias mínimas deseadas	1,000
Demanda promedio durante el tiempo que demora la entrega	2,500
Punto de volver a pedir	3,500

Esto quiere decir que cuando el nivel de inventario ha bajado a 3,500 unidades inmediatamente debe ponerse una orden.

Control de inventario en la firma detallista

El método de control de inventario discutido en la sección anterior, es tal vez el más eficiente y preciso, ahora bien, existen otros métodos menos complicados y que también pueden ser empleados por parte del pequeño detallista. Entre ellos tenemos el de observación personal, el de conteo físico y el de inventario perpetuo.

El de *observación personal,* como su nombre indica, consiste en una inspección periódica de los inventarios de mercancía a los efectos de determinar los niveles de existencia de cada tipo de producto que se vende. Es lógico que para que este método sea efectivo debe llevarse a la práctica en forma regular. Por ejemplo, dos veces por semana el empresario debe hacerse el propósito de recorrer la tienda tomando nota de la mercancía que falta, a los efectos de poner las órdenes inmediatamente.

El método del *conteo físico* es aquél que consiste de una investigación personal por el empresario que requerirá un conteo detallado de toda mercancía a mano y ya ordenada en vez de simplemente observar las existencias de mercancía.

Como quiera que este segundo método consume mucho tiempo, el *inventario perpetuo* es necesario que sea llevado para cada tipo de artículo de mercancía. Este registro contiene la siguiente información: mercancía comprada y recibida, mercancía vendida y el saldo de la mercancía en mano en el inventario. Como es lógico, a los efectos de que éste sistema funcione eficientemente, es requisito que sea mantenido al día, es decir, que tan pronto la mercancía es adquirida y recibida sea registrada en la tarjeta y en la misma forma la venta o salida de mercancía debe de ser anotada todos los días de manera que el balance o saldo de la mercancía a mano siempre esté correcto. Esta constante actualización de tarjetas puede llegar a tomar mucho tiempo y crear problemas logísticos. Por lo tanto, lo recomendable es que el inventario perpetuo se aplique solamente a artículos de alto valor así como a aquellas líneas de relativa importancia.

Un método de control de inventario que a menudo es empleado en las ferreterías es el de doble depósito de mercancías. Cuando el primer depósito se ha consumido, el segundo es puesto a la venta al mismo tiempo que una orden es puesta por mercancía adicional.

SUMARIO

1. A medida que la empresa aumenta sus ventas más necesario se hace adquirir nueva mercancía que reemplace a la saliente.

2. La decisión de si se debe o no ofrecer al cliente la oportunidad de comprar a crédito es una que no se puede tomar en una forma aislada, ya que forma parte de la estrategia total de la empresa.

3. Ventas a plazos es un tipo de cuenta que a menudo fluctúa entre 24 y 36 meses y se considera como activos corrientes si dichos plazos corresponden a condiciones usuales dentro de la industria.

4. La aprobación de crédito a un cliente es un proceso que requiere una serie de etapas. La primera etapa consiste en llenar una solicitud de crédito, la cual contiene cierta información básica que normalmente es investigada.

5. Por condiciones generales de negocio se entiende aquellos factores económicos que pueden afectar favorable o desfavorablemente el pago de deudas.

6. Es importante que se haga énfasis en que la decisión de dar crédito o no es totalmente independiente de la cantidad de crédito que se le ofrecerá al cliente.

7. La tercera etapa en el establecimiento de un método eficiente de ventas a plazos es el de la instalación de un sistema de contabilidad que garantice el adecuado control de dichas cuentas.

8. La función de un inventario de mercancía es múltiple, primero que nada sirve como un amortiguador, ya que separa al mercado de la línea de producción, y contribuye en una forma substancial a minimizar la interrelación entre diferentes segmentos de la organización, y con ello conduce a una más eficiente operación de todos los departamentos.

9. El método de conteo físico es el que se basa en una investigación personal por parte del empresario y que requiere un conteo detallado de toda mercancía a mano y ya ordenada.

Preguntas de repaso

1. ¿Qué relación existe entre las ventas a crédito y el nivel de inventarios?

2. ¿Qué factores hay que tener en cuenta en la determinación de ofrecer o no ofrecer crédito?

3. ¿Qué características tienen las ventas a plazos?

4. ¿Cuáles son las etapas en el proceso de selección del cliente al cual se le ofrecerá crédito?

5. ¿Qué son las llamadas "cuatro C" del crédito?

6. ¿Por qué hay que separar la determinación de dar o no dar crédito a un cliente de la determinación de la cantidad de crédito que se le permite?

7. ¿Cómo se deben manejar las cuentas atrasadas?

8. ¿Qué es el control de inventario?

9. ¿Qué métodos de control de inventario hemos discutido en este capítulo?

BIBLIOGRAFÍA

CAPÍTULO 15

Broom, H. N., Justin A. Longenecker. *Small Business Management*. 5ta. ed. Cincinnati: South-Western Publishing Co., 1979.

Boynton, Lewis D., Paul A. Carlson, Hamden L. Forkner, Robert M. Swanson. Trad. por Luis A. Berríos Burgos. *Contabilidad práctica del siglo XX*. Curso avanzado. Cincinnati: South-Western Publishing Co., 1974.

Horngren, Charles T. *Contabilidad y control administrativo*. México: Editorial Diana, 1973.

Meigs, Walter B., A. N. Mosich, Charles E. Johnson. Traducción y Adaptación William Dario Vélez. *Contabilidad, la base para decisiones comerciales*. Volúmenes I y II. Bogotá: Editorial McGraw-Hill Latinoamericana, S.A., 1977.

Taylor, Weldon J., Roy T. Shaw Jr., Eduardo López-Ballori. *Fundamentos de mercadeo*. Cincinnati: South-Western Publishing Co., 1977.

MERCADO COMÚN CENTRO AMERICANO

México

Cuba

Puerto Rico

Honduras

Rep. Dominicana

Guatemala

Nicaragua

El Salvador

Costa Rica

Panamá

Venezuela

Colombia

Ecuador

Perú

Bolivia

Paraguay

Países miembros

Países no miembros

Chile

Argentina

Uruguay

ASPECTOS INTERNACIONALES DE LA PEQUEÑA EMPRESA

QUINTA PARTE

Esta sección constará de dos capítulos, los cuales tratarán sobre la ayuda existente en diferentes naciones latinoamericanas, específicamente establecida para la pequeña empresa.

También se discutirán aspectos del Mercado Común Centroamericano y del Pacto Subregional Andino, en cuanto dichos tratados internacionales afectan a la pequeña empresa.

Potencialidad de innovación y adaptación de tecnologías en la pequeña industria; servicios tecnológicos y extensión industrial.

El apoyo estatal que se brinde a la pequeña industria es susceptible de canalizarse por medio de mecanismos que al mismo tiempo favorezcan en ella la innovación y adaptación de tecnologías. Propicio a este fin es el hecho de que este tipo de empresa presenta una flexibilidad que la empresa grande no posee, siendo característica la versatilidad de muchos de los pequeños empresarios, así como la habilidad de éstos para adaptar la maquinaria, el equipo y las herramientas de que disponen.

Aunque el pequeño empresario tiende a trabajar con maquinaria más antigua, compite algunas veces en forma ventajosa con las empresas provistas de equipos modernos, particularmente en lo que concierne a la calidad de los productos.

Frente a la escasez de recursos de las empresas privadas pequeñas y ante las limitaciones de la asistencia técnica proveniente de otras fuentes, el progreso tecnológico de dichas empresas depende, en gran medida, de los servicios tecnológicos industriales que el Estado pueda disponer para su apoyo. Se requiere que los programas correspondientes, los cuales pueden hallarse a cargo de diversas entidades, se integren y coordinen entre sí, incluyendo dicha coordinación un intercambio amplio de experiencias.

Entre los servicios tecnológicos arriba aludidos se destacan: la asistencia dirigida a orientar la selección de materias primas, maquinaria y herramienta; a promover la mejor utilización de estos elementos; a mejorar la instalación de la maquinaria y la distribución de la planta; y a perfeccionar las técnicas de la producción, del mantenimiento y de la reparación del equipo. En estos rubros se pueden también aprovechar los expertos extranjeros que lleguen al país, quienes pueden aportar soluciones a problemas técnicos cuya dificultad rebase los recursos nacionales disponibles.

Al nivel de la pequeña empresa, resulta fundamental lograr una transmisión amplia de conocimientos y técnicas, es decir, desarrollar con éxito una operación de extensión industrial. Esta extensión se refiere a conocimientos y técnicas correspondientes a cuatro esferas principales: económica, técnica, de dirección de empresa y de mejoramiento de los productos.

Las modalidades que en general se adoptan para el servicio de extensión industrial son: servicios de consultoría, de capacitación o adiestramiento, de información y de investigación tecnológica.

Las etapas básicas que tiene todo programa de extensión industrial son: motivación del empresario, conocimiento de la empresa, diagnóstico de los problemas, análisis y experimentación, ejecución de planes, seguimiento y evaluación.

Frente a la escasez de recursos de las empresas privadas pequeñas y ante las limitaciones de la asistencia técnica proveniente de otras fuentes, el progreso tecnológico de dichas empresas depende, en gran medida, de los servicios tecnológicos industriales que el Estado pueda disponer para su apoyo.

Rafael Vargas Rangel
División de Cooperación Técnica Internacional
SENA, Colombia

Reimpreso de la revista **Ciencia Interamericana**, *OEA, Depto. de Asuntos Científicos, Washington, D.C., Vol. 19, No. 2, 1978, p.22.*

CAPÍTULO XVI

APOYO GUBERNAMENTAL DE LA PEQUEÑA EMPRESA EN LA AMÉRICA LATINA

Aunque parezca paradójico, siendo la América Latina un continente que está compuesto por naciones en cuyas economías está prominentemente representada la pequeña empresa, es una de las regiones donde el empresario está menos informado sobre organismos y agencias gubernamentales disponibles para el asesoramiento técnico, así como para la obtención de fuentes de fondos, tanto para iniciar una empresa como para expandirla, una vez que ésta ya ha llegado a etapas más avanzadas de crecimiento.

Este capítulo tratará de analizar las siguientes cuatro áreas relativas al asesoramiento y disponibilidad de fondos al alcance del empresario:

1. Organismos estatales y paraestatales que tienen la misión de prestar apoyo y asesoramiento a la pequeña empresa.

2. Las diferentes áreas que son objeto de apoyo, y el tipo de apoyo disponible.

3. Cuáles son los requisitos que hay que llenar para poder recibir asesoramiento y fondos.

4. Los instrumentos y mecanismos de que se disponen para hacer llegar dicha ayuda a la pequeña empresa.

Como el lector se dará cuenta, es imposible detallar en forma minuciosa todos y cada uno de los pasos que tiene que dar un empresario en cada uno de los países de la América Latina para obtener ayuda económica, pero a lo que sí se aspira, es a que el interesado pueda después de leer este capítulo tener una idea exacta de cuáles son los organismos y agencias existentes y qué tiene que hacer para calificar para poder recibir ayuda y asesoramiento.

Organismos estatales y paraestatales

Si bien se puede decir que en términos generales la principal fuente de crédito a corto plazo en la mayoría de las naciones es el sistema comercial bancario; en el caso de la Argentina el Banco Nacional de Desarrollo, propiedad del estado, constituye la fuente más importante de crédito a medio y largo plazo.

Colombia

En Colombia, las principales instituciones oficiales y semi-oficiales son:

a) Caja de Crédito Agrario, Industrial y Minero.

El énfasis de esta institución está dirigido al financiamiento de actividades agrícolas y ganaderas.

b) Banco Popular.

Su misión es la de realizar préstamos moderados a la industria pequeña así como a individuos.

c) Banco Central Hipotecario.

Es la fuente principal de préstamos para proyectos de construcción, pero también hace préstamos limitados con propósitos industriales.

d) Banco Cafetero.

Su área de acción se relaciona principalmente con la industria cafetera.

e) Banco Ganadero.

Su misión principal es la del financiamiento de proyectos ganaderos e industriales.

f) Fondo Financiero Industrial.

Se especializa en préstamos de carácter industrial.

Otras fuentes de crédito a corto y largo plazo son el Fondo para Inversiones Privadas, una agencia establecida por el gobierno colombiano en 1963, así como el Fondo de Promoción de Exportaciones.

República Dominicana

El financiamiento a corto plazo es de la responsabilidad del sistema bancario comercial. El Fondo de Inversiones para el Desarrollo Económico (FIDE) suministra financiamiento a mediano y largo plazo. La Financiera Dominicana y la Corporación Financiera Asociada son entidades privadas que participan en el financiamiento de recursos de capital para el establecimiento y expansión de empresas.

Otra agencia gubernamental lo es la Corporación de Fomento Industrial. Por último la Oficina de Desarrollo Comunitario y la Asociación de Detallistas ofrecen ayuda técnica y asesoría.

Ecuador

El Fondo Nacional de Inversiones para la industria pequeña y artesanía el cual está dirigido por el gobierno nacional.

El Comité Interministerial para la ayuda a la pequeña empresa, el cual administra la aplicación de la ley relativa al apoyo de la pequeña industria. Este comité está compuesto por representantes de los ministerios de industria, comercio y la junta de planificación.

México

En el caso de México el tipo de apoyo más común al alcance de la pequeña empresa es aquel que proviene de las exenciones de impuestos dispuestos por la ley impositiva.

Paraguay

El Gobierno Nacional así como instituciones financieras privadas las cuales suministran préstamos y ofrecen asesoramiento, así como estudios de factibilidad.

Perú

Entre las agencias y organismos gubernamentales en posición de hacer préstamos se encuentran:

a) El Banco de la Nación, el cual es el banco comercial más poderoso de la nación.

b) El Banco Minero del Perú el cual se especializa en préstamos para promover la explotación y el procesamiento de minerales.

c) Banco de Fomento Agropecuario. El cual se especializa en el área de la agricultura y la ganadería.

d) Banco Central Hipotecario del Perú sirve las necesidades de crédito de la industria de bienes raíces.

e) Banco Industrial del Perú, puede considerarse como el banco más importante de la nación en cuestiones de desarrollo y ayuda a la industria.

f) Corporación Financiera de Desarrollo.

Esta agencia tiene la responsabilidad de hacer inversiones de capital en firmas privadas así como participar en empresas mixtas.

En el Perú como en otras naciones Suramericanas, el crédito a corto plazo es usualmente obtenido de bancos comerciales mientras que el crédito a mediano y largo plazo y para ser empleado en la compra de equipos, maquinarias y bienes de capital es obtenido en alguna de las agencias e instituciones previamente mencionadas.

Uruguay

En el Uruguay es el Banco de la República la principal fuente de crédito a largo plazo.

Venezuela

Se pueden identificar en Venezuela tres organizaciones principales que se especializan en dar ayuda y asistencia a la industria en general.

a) Corporación de Desarrollo de la Pequeña y Mediana Industria. (Corpoindustria).

Esta es una agencia gubernamental que suministra ayuda financiera a la industria pequeña y mediana de Venezuela. El énfasis principal de esta agencia es el de generar nuevos equipos por medio del financiamiento de plantas industriales de pequeño y mediano tamaño, compra de terrenos donde situar las nuevas industrias así como préstamos financieros a procesadores de productos agrícolas y de mar.

b) Instituto de Crédito Agrícola y Pecuario.

El principal énfasis del instituto está dirigido a ofrecer crédito a la industria ganadera, pesquera y agrícola. Los préstamos son a corto, mediano y largo plazo y están dirigidos principalmente a la industria pequeña y mediana.

c) El Banco Industrial de Venezuela.

La función principal de esta institución es la de servir la comunidad industrial y comercial con una política liberal en cuestiones de préstamos e inversiones.

En adición a las tres agencias y organizaciones mencionadas existen también las siguientes:

a) La Corporación Venezolana de Desarrollo.

b) La Corporación Venezolana de la Guayana.

c) El Fondo de Crédito Industrial.

No se debe terminar esta sección sin mencionar la Fedeindustria, una organización privada que incluye la mayoría de las Cámaras de Comercios y asociaciones de negocios.

Países Centroamericanos

El sistema comercial bancario es bastante bueno en la región Centroamericana, si bien es verdad, que la demanda de crédito y capital es mayor que la oferta. Vemos que la demanda de préstamos para el financiamiento de la industria y comercio excede los fondos disponibles. La mayoría de los préstamos son hechos a corto plazo —usualmente de un año.

El financiamiento a largo plazo presenta un problema constante debido a las limitaciones impuestas por las leyes bancarias de los respectivos países. Es por esto que el financiamiento de proyectos de largo alcance se recomienda que sea realizado por medio de organismos internacionales o bancos extranjeros algunos de los cuales tienen oficinas en estos países, excepto en Costa Rica donde los bancos comerciales han sido integrados en un sistema bancario nacionalizado.

Por último existen instituciones de préstamo y ahorro, pero estos no hacen préstamos a entidades comerciales ya establecidas o a aquellas personas interesadas en iniciar un negocio sino que concentran todo su financiamiento en la construcción de viviendas y usualmente con garantía gubernamental.

El lector debe tener en cuenta que los sistemas bancarios de los países Centroamericanos son bastante conservadores y altamente regulados. En todos los casos dicho sistema está controlado por los bancos centrales, aunque como se mencionó anteriormente algunos bancos internacionales operan en grado limitado en todos los países.

El pequeño empresario tendrá que depender de los bancos comerciales para los préstamos a corto plazo, y para los de largo plazo deberá de tratar con compañías de seguro y de financiamiento. Una fuente posible de fondos es el Banco Centro Americano de Integración Económica el cual ha sido establecido para asistir el financiamiento de proyectos gubernamentales y de la industria privada.

De todas maneras hay que reconocer que las fuentes de inversión son relativamente limitadas en estos países.

Tipos de apoyo suministrado por diferentes países

Los tipos de ayuda y apoyo que le son suministrados a la empresa pequeña por diferentes países Latinos Americanos pueden ser catalogados en los siguientes tipos:

a) Préstamos a la pequeña empresa en Bolivia, Colombia, República Dominicana, Ecuador, Paraguay, Perú, Uruguay y Venezuela.

b) Estudios de factibilidad son financiados y facilitados en los siguientes países: Bolivia, Colombia, República Dominicana, Paraguay, Perú y Venezuela.

c) Facilidades para operar por medio de exenciones de impuestos: República Dominicana, Ecuador, El Salvador, México, Paraguay, Perú y Venezuela.

Entre todos los países que están prestando más ayuda a la pequeña empresa sobresale Venezuela, aunque en el caso de México el gobierno elimina o reduce drásticamente los impuestos a aquellas firmas que se establezcan fuera de grandes centros de población.

Requisitos para ser considerado como una empresa pequeña

La clasificación de lo que es una empresa pequeña varía de un país a otro y es diferente según el plan nacional y los objetivos de crecimiento económico que cada país trata de alcanzar. En casos como el de Bolivia el principal objetivo es el de la expansión industrial de manera que la definición de "pequeño" comienza con un valor neto relativamente alto para una empresa. Por otro lado en los países Centroamericanos y la República Dominicana, los pequeños detallistas que operan con uno o dos empleados caen dentro de la definición de "pequeños". Por último hay países como Venezuela que, dado los recursos con que dispone el país, todo tipo de empresa independientemente de su tamaño tiene acceso a fuente de financiamiento.

En cuanto a los beneficiarios de la ayuda financiera, estos pueden ser individuos, grupos, sociedades o personas jurídicas siempre y cuando cumplan las diferentes restricciones impuestas por los distintos países.

Instrumentos y mecanismos que hacen llegar la ayuda financiera a la pequeña empresa

Anteriormente se han identificado algunas de las agencias gubernamentales y organismos privados que en los diferentes países tienen la responsabilidad de suministrar los fondos. La mecánica del financiamiento consiste en el suministro de la ayuda financiera por parte de instituciones bancarias y financieras privadas con un Banco Nacional o institución financiera ofreciendo una garantía sobre el préstamo o un redescuento más bajo, en parte del préstamo.

SUMARIO

1. En los países latinoamericanos la pequeña empresa está prominentemente representada y forma parte importantísima de la economía de dichas naciones.

2. El capítulo hace énfasis en cuatro áreas que están relacionadas con el asesoramiento y disponibilidad de los recursos, que están al alcance del empresario pequeño en la América Latina.

3. Entre las áreas más importantes están aquellas que tratan sobre los organismos estatales y paraestatales que tienen la misión de prestar apoyo y asesoramiento a la pequeña empresa y la que se refiere a los instrumentos y mecanismos de que se disponen para hacer llegar dicha ayuda al pequeño empresario.

4. Las principales fuentes de fondos a corto plazo son las que provienen de bancos comerciales, mientras que, las fuentes de mediano y largo plazo usualmente se encuentran en organismos gubernamentales o paraestatales.

5. Los requisitos que tiene que llenar una empresa pequeña para ser receptora de ayuda financiera varían en los distintos países. Así vemos que en el caso del Ecuador una pequeña industria debe de contar con una inversión de no menos de $57,750, mientras que en el Uruguay la industria tiene que llenar dos requisitos: primero, estar dedicada a satisfacer la demanda interna y segundo ser una empresa pequeña en general.

6. Otro de los aspectos del tipo de ayuda que se le ofrece a la empresa es que ésta sea considerada vital para el país, que empleen recursos nacionales y que esté dirigida a la exportación.

7. El mecanismo empleado para el suministro de ayuda financiera es que ésta sea ofrecida por instituciones bancarias y financieras privadas con un Banco Nacional o agencia gubernamental ofreciendo una garantía sobre el préstamo.

8. La cantidad máxima del préstamo varía de un país a otro y también varía según el tipo de empresa de que se trate.

9. Uno de los tipos de ayuda más común encontrados en diferentes países es el que se basa en exenciones impositivas relacionadas con el impuesto o reducciones en las tarifas de importación y exportación.

10. Estudios de factibilidad y ayuda técnica son los otros métodos de ayuda al alcance del empresario pequeño.

Preguntas de repaso

1. ¿Cuáles son las cuatro áreas específicas que se discutieron en el capítulo relacionadas con la ayuda financiera y técnica a la empresa pequeña en la América Latina?

2. ¿Cuáles son algunas de las organizaciones y agencias paraestatales más importantes en Venezuela? ¿En Colombia?

3. ¿En Centroamérica? ¿En el Perú?

4. En el caso de la República Dominicana, ¿qué agencias están al alcance del empresario pequeño?

5. ¿Cuáles son algunos de los requisitos que hay que cumplir en varios países para calificar como empresa pequeña?

6. ¿Cómo se relaciona la ayuda disponible a la pequeña empresa con la política económica del país?

7. ¿Qué es un estudio de factibilidad?

8. ¿Qué es una exención arancelaria?

9. ¿Cómo funcionan los mecanismos de préstamo para hacer llegar la ayuda al pequeño empresario?

BIBLIOGRAFÍA

CAPÍTULO 16

Banco Interamericano de Desarrollo. *Progreso económico y social en América Latina, informe 1976.* Washington, D.C.

Inter-American Development Bank. *Economic and Social Progress in Latin America,* 1977 Report, Washington, D.C.

Moncarz, Raúl. *Moneda y banca en América Central.* Tegucigalpa, D.C. Honduras, C.A.: Escuela Bancaria Superior Centroamericana, 1978.

U.S. Department of Commerce. *Venezuela a Survey of U. S. Business Opportunities.* Washington, D.C.: U.S. Government Printing Office, 1976.

ACUERDO DE CARTEGENA

Venezuela

Colombia

Ecuador

Perú

Bolivia

Países miembros

Países no miembros

CAPÍTULO XVII

EL MERCADO COMÚN CENTROAMERICANO, EL PACTO SUBREGIONAL ANDINO Y LA PEQUEÑA EMPRESA

El propósito de este capítulo es el de ofrecer al lector una visión panorámica de una serie de organismos de integración económica que actualmente existen en la América Latina y la forma en que dichas instituciones facilitan el comercio entre las naciones.

Como se comprenderá, toda gestión que facilite el flujo del comercio a través de fronteras ya por medio de la eliminación o rebaja de tarifas o al incluirse el producto en una lista de cuotas o cupos no puede menos que ayudar grandemente a la industria en general y al pequeño empresario en particular al facilitarle el acceso a mercados más diversificados y con mejor poder adquisitivo y por lo tanto hacer uso de las economías de escala.

Costos de producción y economías de escala

Es un factor económico plenamente reconocido y aceptado de que el tamaño del mercado llegará a determinar el límite de crecimiento de una empresa. Si el mercado es limitado es muy posible que las empresas no logren crecer hasta conseguir el nivel de producción óptimo de largo plazo. Dadas las limitaciones del mercado, la empresa se verá obligada a funcionar por debajo del tamaño óptimo que podría lograr si deseara conseguir la máxima economía de escala.

Existe la situación de economía de escala cuando la empresa se encuentra operando en el sector de los llamados costos decrecientes. El sector de costos decrecientes será alcanzado paulatinamente a medida que la firma llega a tener un tamaño más adecuado resultando que el costo promedio total —costo de producir una unidad— es menor según sea más grande la empresa.

Se ha querido explicar detalladamente lo que son las economías de escala y el sector de costos decrecientes porque ese es precisamente el problema que hasta recientemente tenían a que hacer frente la amplia mayoría de las firmas de América Latina. Ante un mercado nacional que en muchos países es relativamente limitado y donde el poder adquisitivo es bajo la empresa se verá forzada a operar con un nivel de producción que no es el más eficiente. Es la función de las diferentes asociaciones de integración económica el permitir el acceso a otros países de productos fabricados en el extranjero logrando así mercados más amplios para la empresa productiva.

Librecambio y proteccionismo

El lector debe de estar al tanto de la existencia de dos corrientes de opiniones o doctrinas en relación al comercio entre naciones. La primera es la de la no intervención del estado, es decir, dejar que sean las leyes del mercado las que influyan en el comercio, cuya doctrina se denomina el *librecambio*. La segunda doctrina, la llamada *proteccionista* es aquélla que propugna la defensa o protección de los mercados nacionales por medio de aranceles y tarifas aduaneras y la restricción cuantitativa de la importación o exportación.

No es este el lugar adecuado para llevar a cabo una evaluación a fondo de las políticas de librecambio o del proteccionismo. Basta decir que dicho análisis deberá de hacerse a la luz de los objetivos que cada doctrina persigue. En caso de que el lector quiera profundizar más al respecto se le recomienda la lectura de alguno de los libros de economía general que se mencionan en la bibliografía del capítulo.

El Mercado Común Centroamericano

El primer esfuerzo de integración económica latinoamericano fue el Mercado Común Centroamericano constituido a finales de la década de los años 1960. Si bien los trabajos iniciales para la integración centroamericana habían sido realizados en los años 50 el Tratado General de Integración Centroamericana no fue firmado hasta diciembre 13 de 1960, cuando El Salvador, Honduras, Guatemala y Nicaragua se hicieron miembros. En julio de 1962 Costa Rica se convirtió en el quinto y último miembro.

Como quiera que el Tratado General de Integración Centroamericana no es más que la formalización final de una serie de esfuerzos anteriores llevados a cabo en la década de los años 50 se ofrece a continuación una lista cronológica de las diferentes reuniones y acuerdos alcanzados.

a) En 1952 se constituye el Comité de Cooperación Económica del Istmo Centroamericano, integrado por los ministros de economía de Guatemala, Honduras, El Salvador, Nicaragua y Costa Rica.

b) En 1958 se crea el Tratado Multilateral de Integración Económica y Libre Comercio que tuvo por objetivo los siguientes puntos:

1. Constitución de una unión aduanera.

2. El establecimiento de una zona libre de comercio en un período de 10 años.

3. La preparación inmediata de una lista de gravámenes compuesta de 239 artículos.

4. La adopción de una nomenclatura arancelaria uniforme.

5. La adopción de reglas para la cooperación entre los bancos centrales de la zona.

6. Colaboración en el mejoramiento de las vías de comunicación.

7. El desarrollo industrial integrado.

c) En 1958 se celebra el Convenio sobre el Régimen de Industrias de Integración cuyo objetivo principal fue el de la integración del desarrollo industrial.

d) En 1959 se firma el Convenio Centroamericano de Equiparaciones de Gravámenes a la Importación que tuvo como objetivo fundamental la unificación del arancel aduanero frente a los países de fuera de la zona en un plazo de cinco años.

e) Por último en febrero de 1960 se lleva a cabo la firma del Tratado de la Asociación Económica Centroamericana.

El Tratado General de Integración Económica tiene los siguientes objetivos:

a) acuerda el libre comercio total de todos los productos originarios de cualquiera de los países miembros del pacto.

b) renueva el compromiso de creación de la unión aduanera.

c) renueva los propósitos de desarrollo industrial integrado.

d) se crea el Consejo Económico Centroamericano a nivel ministerial.

e) se crea el Consejo Ejecutivo permanente.

f) se crea la Secretaría Permanente de carácter técnico.

g) se decide fundar el Banco Centroamericano de Integración Económica con fines de financiamiento y de promover el desarrollo económico de la zona.

Ya para finales de 1967 el MCCA había alcanzado la mayoría de sus objetivos generales y se había removido la mayor parte de las barreras y tarifas que entorpecían el comercio en la región y se había establecido un arancel aduanero común que se aplica a los productos del resto del mundo.

Durante el período de 1965 a 1974 el intercambio comercial dentro del área aumentó en un promedio del 20 por ciento por año. Durante el mismo período el producto nacional bruto aumentó en un 7 por ciento por año.

Incentivos para la inversión en el Mercado Común Centroamericano

Por considerarlo de importancia para el empresario que planee establecer y operar dentro del MCCA le sugerimos que el lector se familiarice con algunos aspectos del Convenio de Equiparación de Gravámenes de Incentivos Fiscales firmado en 1962, Convenio este que entró en funciones en Marzo de 1969 y tiende a establecer uniformidad entre los programas de incentivo individual de desarrollo económico así como en la coordinación en el momento de su aplicación.

Requisitos que deben tener las empresas

Las industrias que son elegibles para recibir beneficios bajo este plan de legislación de incentivos comunes son aquellas que:

1. Aumenten el volumen de exportación.

2. Reemplacen artículos que estén siendo importados en cantidades substanciales.

3. Usen métodos modernos y eficientes para el procesamiento de materia prima y productos semiterminados.

4. Satisfagan las necesidades básicas de la población.

5. Fabriquen artículos necesarios para otras industrias productoras.

Clasificación de empresas

Aquellas empresas que son elegibles están clasificadas bajo uno de los siguientes tres grupos:

1. El Grupo A incluye aquellas industrias que:

    a) Producen materia prima industrial o bienes de capital o:

    b) Producen bienes de consumo, material de empaque o productos semiterminados siempre y cuando por lo menos el 50 por ciento del valor del material usado en la producción venga de dentro del área Centroamericana.

2. El Grupo B incluye aquellas industrias que:

    a) Producen bienes de consumo, material de empaque o bienes semiterminados.

    b) Obtienen la mayor porción de su materia prima fuera del área Centroamericana; y

    c) Les agregan ya a través de un proceso de transformación o de procesamiento un valor significante a la materia prima empleada siempre y cuando la operación total sea lo suficientemente importante y que tenga un efecto favorable en la balanza de pago.

3. El Grupo C incluye aquellas industrias que simplemente ensamblan, empaquetan, cortan o diluyen productos, incluyendo bebidas, productos de tabaco, perfumes y cosméticos.

Las industrias incluidas tanto en el Grupo A como en el B son clasificadas a su vez según se consideren industrias nuevas o ya en existencia.

1. Clasificadas como nuevas son aquellas que están fabricando artículos manufacturados los cuales:

    a) No se están fabricando en el país.

    b) Son producidos en el país, pero por métodos rudimentarios siempre y cuando la nueva planta satisfaga las siguientes condiciones:

        i. Que satisfaga una parte importante de la demanda no satisfecha en el mercado del país.

        ii. Introduzca técnicas de procesamiento radicalmente diferentes que cambien la estructura en existencia de las industrias y contribuyan a una mejoría en la productividad y a una reducción en los costos.

2. Todas las demás industrias no incluidas bajo los subtítulos a) y b) se clasifican como industrias en existencia.

Las clasificaciones anteriores sirven como base para la asignación de los beneficios fiscales disponibles para cada clase de industria. Como quiera que un estudio detallado y a fondo de los beneficios fiscales que el Convenio asigna a cada tipo de industria según el país, de que se trate está más allá de la posibilidad del capítulo, recomendamos al empresario interesado en la cuestión que se asesore de un abogado o de un técnico especialista en la materia y que esté al tanto de los últimos cambios tanto en el Convenio como en su Protocolo.

El Acuerdo de Cartagena y el Pacto Subregional Andino

El Pacto Subregional Andino que establece la base para un Mercado Común Andino fue suscrito por Colombia, Ecuador, Perú, Bolivia y Chile el 26 de mayo de 1969 en Cartagena, Colombia. Posteriormente Venezuela se incorporó a él en 1973 y Chile se retiró en octubre de 1976.

Los principales instrumentos establecidos en el Acuerdo de Cartagena con miras al desarrollo armónico y equilibrado de los países miembros son los siguientes:

a) Programación industrial.

b) Programa de liberalización del intercambio.

c) Arancel externo común.

d) Tratamiento al capital extranjero.

e) Armonización de políticas económicas y sociales.

f) Acciones conjuntas en otros campos.

g) Régimen especial para Bolivia y Ecuador.

Los anteriores instrumentos incorporaron dos tesis claramente identificadas desde la suscripción del Acuerdo:

1. La tesis industrialista que considera la programación industrial como el mecanismo fundamental para el desarrollo.

2. La tesis liberalista que considera los mecanismos de liberación del intercambio, de implementación de programas de complimentación en el desarrollo industrial, de elaboración de un arancel externo mínimo común y de la armonización de políticas y regímenes de inversión extranjera y de admisión de tecnología.

El comercio subregional, en términos de exportaciones (f.o.b.) y en dólares corrientes aumentó de $170 millones en 1969 a más de $800 millones en 1975. Si bien el comercio subregional no es todavía de mucha consideración sí se están estableciendo las bases para un intercambio futuro que irá en constante ascenso.

SUMARIO

1. Un factor importante en el análisis del crecimiento de las empresas es la relación entre los costos de producción y el tamaño de la firma.

2. Habrá economías de escala cuando la empresa se encuentra funcionando en el sector de costos decrecientes.

3. El tamaño del mercado llegará a determinar el límite de crecimiento de la empresa.

4. El Tratado General de Integración Económica firmado en diciembre de 1960 aceleró el proceso integracionista de Centroamérica.

5. Durante los últimos diez años el grado de interdependencia de los países Centroamericanos ha aumentado considerablemente y se ha impulsado al desarrollo coordinado.

6. La manera en que los incentivos fiscales son determinados es a base de una clasificación de industrias en tres grupos.

7. El Pacto Subregional Andino fue originalmente suscrito por Colombia, Ecuador, Perú, Bolivia y Chile en 1969. Posteriormente Venezuela se incorporó en 1973 y Chile se retiró en 1976.

8. Entre los principales instrumentos establecidos en el Acuerdo de Cartagena con miras al desarrollo armónico y equilibrado de los países miembros se destacan: a) la programación industrial, b) el programa de liberalización del intercambio y c) el arancel externo común entre otros.

9. Dos tesis fueron claramente identificadas desde la suscripción del acuerdo: la tesis industrialista y la tesis liberalista.

Preguntas de repaso

1. ¿Qué naciones forman parte del Mercado Común Centroamericano?

2. ¿Cuáles son algunos de los objetivos del MCCA?

3. ¿Qué es el Acuerdo de Cartagena?

4. ¿Qué instrumentos fueron establecidos por el Acuerdo de Cartagena?

5. ¿Por qué un empresario debe de tener en cuenta las economías de escala?

6. ¿Cómo influye en las economías de escala el tamaño del mercado?

7. ¿Qué países forman parte del Pacto Subregional Andino?

8. ¿Cuáles son las dos tesis que se identificaron desde la suscripción del acuerdo de Cartagena?

9. ¿Cuál ha sido el resultado económico del Acuerdo de Cartagena?

BIBLIOGRAFÍA

CAPÍTULO 17

Banco Interamericano de Desarrollo. *Progreso económico y social en América Latina*. Informe 1976.. Washington, D.C.

Bornstein, Morris. *Comparative Economic Systems Models and Cases*. Nobleton: Richard D. Irwin, Inc., 1969.

González, Antonio J., Domingo Felipe Maza Zavala. *Tratado moderno de economía general*. 2da. ed. Cincinnati: South-Western Publishing Co., 1976.

Inter-American Development Bank. *Economic and Social Progress in Latin America. 1977 report*. Washington, D.C.

Moncarz, Raúl. *Moneda y Banca en América Central*. Tegucigalpa, D.C. Honduras, C.A.: Escuela Bancaria Superior Centroamericana, 1978.

Price Waterhouse Information Guide. *Doing Business in Central America*. December 1976.

Samuelson, Paul A. *Economics*. 8tava. ed. New York: McGraw-Hill Book Company, 1970.

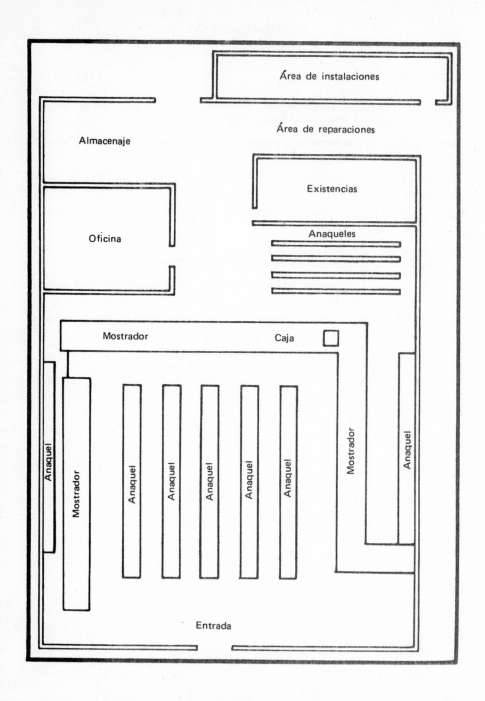

Adaptado de **Small Business Management,** *H. N. Broom y Justin G. Longenecker, 5ta. Ed., South-Western Publishing Co., 1979, p.404.*

CÓMO OPERAR UNA FIRMA

SEXTA PARTE

Esta sección se compone de tres capítulos donde se tratará en una forma específica y detallada sobre la administración, dirección y control de tres clases de empresas pequeñas.

El lector tendrá la oportunidad de familiarizarse con situaciones particulares que son intrínsecas a las firmas de ventas al por menor, de servicio o manufactureras.

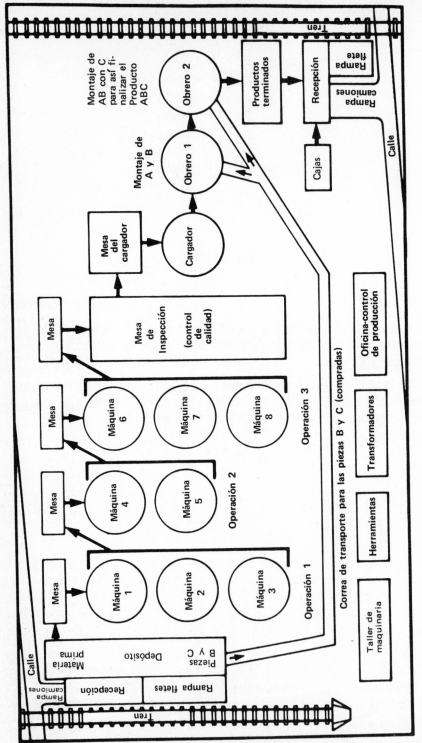

Ciclo rápido de ensamble del producto final en un taller típico organizado por órdenes de trabajo

Adaptado de **Small Business Management**, *H. N. Broom y Justin G. Longenecker, 5ta. Ed., South-Western Publishing Co., 1979, p.463*

CAPÍTULO XVIII

CÓMO OPERAR UNA FIRMA DE VENTAS AL POR MENOR O AL DETALLE

Una de las premisas que debe tener en cuenta el lector de este capítulo, es que no existe una firma de ventas al por menor o al detalle "típica". La característica esencial del establecimiento de ventas al detalle, es la variedad de firmas y la multitud de áreas de especializaciones dentro de este sector industrial.

Será pues, el objetivo de este capítulo suministrar información de tipo general aplicable a diferentes clases de negocios de venta al detalle, dejando en manos del lector la selección de las técnicas que él crea más adecuada según el tipo de empresa de ventas al detalle que desee establecer.

Clases de establecimientos de ventas al por menor o al detalle

Un aspecto fundamental en la operación de una tienda de ventas al detalle, es que el dueño de ésta deberá de ser sensible a las demandas del mercado que sirve. Un detallista deberá de programar las horas del día que la tienda estará abierta, a los efectos de hacerle frente en una forma satisfactoria a la competencia. Otros aspectos importantes lo son el de tener niveles y clases de inventarios adecuados, así también mantener un personal suficientemente bien entrenado que pueda ofrecer el mejor servicio posible.

Entre los diferentes tipos de tiendas de ventas al detalle tenemos las siguientes:

a) Tienda que vende una sola línea de producto o mercancía. Este es el caso de las tiendas de zapatos, medias, joyerías, etc.

b) Tienda de especialidades es aquella que concentra su esfuerzo de venta en un número limitado de líneas de productos, pero que ofrece una adecuada variedad de artículos dentro de cada línea de productos que trabaja. Este es el caso de la tienda que vende corbatas de hombre.

c) Tienda de variedades. La característica esencial de esta clase de firma es que trabaja una amplia gama de productos relativamente poco costosos y de uso casero. Ejemplo de los artículos que se venden en esta clase de tienda son los siguientes: tijeras, dedales, útiles o efectos de escritorio, papelería, artículos para la escuela, etc.

d) Tiendas por departamentos pequeños. Dichas tiendas se especializan en ropa de niños, hombre y mujer. En realidad una tienda por departamentos como la que describimos estará compuesta por una serie de tiendas por especialidades.

e) Tiendas de víveres que venden víveres, leche, queso, carne, etc.

f) Tiendas de descuento que ponen un énfasis en la promoción y venta de artículos a un precio relativamente bajo.

Aspectos del ambiente social que afectan las ventas al detalle

Una multitud de fuerzas sociales ha influenciado el tipo y estilo de ventas al detalle en la América Latina en los últimos veinte años. Entre ellos tenemos la siguiente:

a) Crecimiento de la población.

En los últimos diez y siete años la población de la América Latina creció de 199,736,000 a 319,229,000 habitantes, o séase un promedio de crecimiento anual de 2.8 por ciento.

Paralelamente a este explosivo aumento de la población tenemos una mayor concentración de ella en las zonas urbanas. En 1960 el 49.4 por ciento de la población residía en zonas urbanas mientras que en 1977 se estima que el 63.4 por ciento reside en dicha área. La tasa de crecimiento de la población urbana es de 4.3 por ciento al año.

Otro de los impactos sociales de este aumento de población es el gran número de adolescentes y de familias jóvenes, así como la movilidad de esta población, la cual se mueve de áreas rurales hacia las ciudades y desde las ciudades a los suburbios de ellas, a medida que la clase media se desarrolla, aumenta en tamaño y en poder adquisitivo.

b) Vivienda suburbana.

Debemos reconocer, que el movimiento de la población hacia las áreas suburbanas ha traído grandes cambios en el estilo de vida, y en el comportamiento de compra dentro de la clase media y que esto es producto no solamente del aumento del poder adquisitivo de la familia sino también, de las expectativas que la familia tiene en relación al futuro inmediato.

El aumento de la población en el casco urbano ha simplificado la labor del detallista ya que el mercado potencial le ha sido traído al mismo umbral del establecimiento.

Factores económicos que afectan a las ventas al detalle

a) Aumento de la fuerza laboral en la América Latina ha sido sorprendente en los últimos quince años. Entre 1960 y 1975 aumentó de 67,137,000 a 97,510,000. Y de 1975 al año 2,000 las proyecciones son de que dicha fuerza aumentará casi en 100,000,000 de personas más. Será inevitable que el impacto de este crecimiento afecte en una forma significativa las economías respectivas de los diferentes países.

b) Producto Nacional Bruto per Cápita.

El producto nacional bruto per cápita ha ido en aumento en cada una de las naciones suramericanas, como también ha ido en aumento el ingreso personal, que es el que suministra la capacidad de gastos esenciales a los consumidores y por consiguiente afecta en una forma directa y significativa las ventas al detalle.

c) Crédito.

Uno de los factores económicos que más ha afectado las ventas al detalle ha sido la proliferación del crédito. A medida que el ingreso per cápita ha ido aumentando y el tamaño de la clase media se expande más, más personas han tenido acceso a algún tipo o forma de crédito.

Aspectos relacionados con el mercadeo en un establecimiento de ventas al detalle

Existen cuatro aspectos relacionados con el mercado de una empresa pequeña que deben de tenerse en cuenta, estos son: a) Publicidad y promoción de ventas, b) Entrenamiento del personal y servicio a los clientes, c) Ciclo de vida de los productos que se venden y d) Medición de las áreas del mercado.

Publicidad y promoción de ventas

En el caso específico de una tienda de ventas al detalle pequeña, la función de publicidad y promoción adquiere relieves de extrema importancia, ya que es el método más eficiente de atraer clientes al establecimiento y el de dejar conocer la empresa al público en general.

El pequeño comerciante puede escoger entre diferentes canales de comunicación para enviar su mensaje al cliente potencial. El periódico, la radio, hojas de anuncios e inclusive la televisión. El canal específico que deberá de escogerse varía según los costos de estos y el presupuesto de publicidad de que se dispone. Ordinariamente deberán de utilizarse dos o más canales a los efectos de poder alcanzar un mayor número de personas.

La publicidad y promoción cumple una serie de objetivos según sea la naturaleza del establecimiento comercial. En el caso específico del detallista o minorista los objetivos son los siguientes:

a) Aumentar sus ventas.

b) Estimular a clientes potenciales a que visiten la tienda.

c) Estimular ventas inmediatas por medio de ventas especiales.

d) Promover el mayor uso de ciertos productos.

En general, se puede decir que el comerciante deberá de contestar satisfactoriamente las siguientes cuatro preguntas, antes de poder tomar una decisión acertada relativa a la publicidad.

a) ¿Que anunciar?

b) ¿Dónde anunciar?

c) ¿Cuándo anunciar?

d) ¿Cómo anunciar?

Si bien las cuatro preguntas están íntimamente relacionadas entre sí, cada una de ellas trata de un aspecto específico y de importancia como veremos a continuación.

La primera pregunta, ¿qué anunciar?, en realidad está muy ligada a la naturaleza propia del establecimiento. Aquí el dueño tendrá que decidir si anuncia productos o servicios, si hay algún aspecto único del negocio que pudiera ser anunciado y que al mismo tiempo sea diferente de lo que la competencia ofrece.

La segunda pregunta, ¿dónde anunciar?, está relacionada con el área del mercado que se trata de servir. Para poder contestar esta pregunta en una forma adecuada será necesario que se sepa con exactitud: a) quienes son los clientes actuales y potenciales, b) cual es el ingreso promedio de estos clientes, c) el modo de comprar de ellos, d) si compran en efectivo o a crédito.

La tercera pregunta, ¿cuándo anunciar?, tendrá que ser contestada en función de los objetivos específicos de la empresa. Lo usual es que se anuncie uniformemente a través del año con excepción de eventos especiales.

La cuarta pregunta, ¿cómo anunciar?, tendrá que ser contestada en función de los recursos disponibles y de los canales al alcance del establecimiento.

Entrenamiento del personal y servicio a los clientes

Un adecuado entrenamiento del personal de venta es un requisito sine qua non para poder garantizar que el cliente salga de la tienda totalmente satisfecho de haberla visitado.

Es muy común la creencia entre los pequeños detallistas, que el entrenamiento del empleado es un lujo y que si bien es apropiado para tiendas por departamentos no lo es para la pequeña tienda. No hay nada más lejos de la verdad. Un empleado que sepa atender al cliente, que conozca la mercancía que vende, que sea cortés y servicial es una segura garantía que el cliente que tenga contacto con él quedará satisfecho y volverá a visitar el establecimiento.

Ciclo de vida de los productos que se venden

Podemos identificar dos tipos de comportamiento en el ciclo de vida de los productos, según se trate de uno que tenga un ciclo de vida normal o si se está frente a una "novedad" que ha capturado la atención del mercado por un tiempo limitado.

La figura 1 muestra la curva del ciclo de vida de un producto normal.

Fig. 1

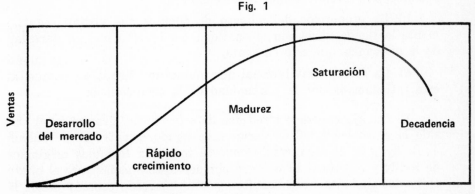

La figura # 2 muestra el comportamiento de un producto que es una "novedad" y que si bien es verdad que ha capturado la atención del mercado, lo ha hecho por un período de corto tiempo.

Fig. 2

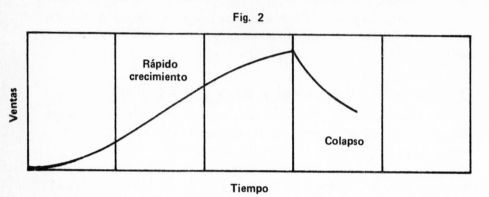

Tiempo

Es importante que el detallista reconozca el comportamiento potencial del producto que vende y de las fuerzas del mercado que lo afectan. Reconocidas estas fuerzas la trayectoria futura de cualquier producto nuevo podrá ser pronosticada con relativa certeza.

Determinación de las áreas de mercado

Una de las responsabilidades del empresario será la de identificar en una forma más o menos exacta el área de mercado que abarca el establecimiento.

Durante los últimos años ha estado en boga la llamada teoría "gravitacional" que se basa en las siguientes premisas:

a) La proporción de los consumidores que patrocinan una tienda o establecimiento varía con la distancia entre donde reside el cliente y donde está situado dicho establecimiento.

b) La proporción del número de clientes que visitan regularmente la tienda varía con la cantidad del inventario y la variedad de la mercancía que está en venta.

c) La fuerza gravitacional que ejerce una tienda en particular está influenciada por la proximidad de la competencia.

El trabajo realizado alrededor de esta teoría "gravitacional" ha sido la responsabilidad de varios investigadores entre ellos William J. Reilly y P. D. Connerse. Connerse tomó las fórmulas originales de Reilly y modificándolas logró obtener aproximadamente el punto entre dos ciudades (que compiten por un mercado común) donde la influencia de las ventas de cada una era igual.

La fórmula que representa el punto de equilibrio de las fuerzas gravitacionales de venta son los siguientes:

$$Db = \frac{Dab}{1 + \sqrt{\dfrac{Pa}{Pb}}}$$

donde:

Db = el punto de equilibrio entre las ciudades A y B en millas de B.

Dab = la distancia que separa la ciudad A de la ciudad B.

Pb = la población de la ciudad B; y

Pa = la población de la ciudad A.

Esta fórmula tiene sus limitaciones ya que solamente establece la relación entre dos ciudades en un momento dado sin poder estimar el efecto que ejercen varias áreas de venta dentro de un área geográfica dada.

Ejemplo:

$$D_2 = \frac{D_{12}}{1 + \sqrt{\dfrac{P1}{P2}}} = \frac{40}{1 + \sqrt{\dfrac{200,000}{400,000}}} = 23.4$$

$$D_3 = \frac{D_{13}}{1 + \sqrt{\dfrac{P1}{P3}}} = \frac{60}{1 + \sqrt{\dfrac{200,000}{200,000}}} = 30.0$$

$$D_4 = \frac{D_{14}}{1 + \sqrt{\dfrac{P1}{P4}}} = \frac{70}{1 + \sqrt{\dfrac{200,000}{500,000}}} = 42.9$$

$$D_5 = \frac{D_{15}}{1 + \sqrt{\dfrac{P1}{P5}}} = \frac{80}{1 + \sqrt{\dfrac{200,000}{600,000}}} = 50.7$$

La serie de fórmulas anteriores nos permiten gráficamente representar el área del mercado.

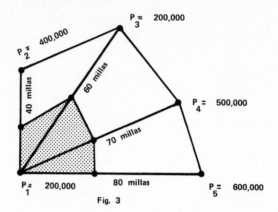

Fig. 3

Estimación del área del mercado empleando la fórmula del punto de equilibrio.

Esquema o arreglo interno de la tienda

Tres son los objetivos que el detallista aspira a alcanzar por medio de un arreglo esquemático cuidadoso del interior del local. Estos son:

1. Maximizar las ventas.
2. Eficiente operación de la firma.
3. Comodidad del cliente.

El primer objetivo se alcanza por medio de un cuidadoso y detallado despliegue y exhibición de los productos que se venden. La colocación y situación inteligente de productos con margen elevado alrededor de aquellos productos que se venden casi al costo estimulará las ventas y mejorará el ingreso neto de la firma.

La eficiente operación de la firma se obtiene por medio de pasillos amplios por donde pueda moverse la mercancía, la cual deberá ser exhibida en mostradores anchos y de adecuada altura. Los mismos pasillos amplios facilitarán el tráfico de los clientes y la colocación de la mercancía sobre los mostradores deberá hacerse siguiendo patrones de precios, tamaños y líneas de manera que les sea fácil a los clientes identificar y seleccionar el producto deseado todo lo que resultará en comodidad adicional.

Por último, la situación de las cajas registradoras en puntos estratégicos de la tienda contribuirá a la comodidad del cliente así como a un aumento de las ventas.

Apariencia externa de la tienda

El pequeño detallista tendrá que decidir cómo ha de lucir el exterior de la fachada del establecimiento. Diferentes alternativas existen; pueden emplearse ladrillos, aluminio, acero inoxidable e inclusive cristal.

El objetivo es presentar una imagen adecuada que exponga el mensaje que se quiere enviar al público que pasa por delante del establecimiento.

Parte principalísima del exterior de la tienda lo son las ventanas del establecimiento donde se exhibe la mercancía que se quiere promover. Una ventana bien preparada y presentada a menudo captura el interés del cliente potencial que pasa por delante del establecimiento y hace que éste penetre dentro del mismo. Es por eso que el empresario pequeño debe reconocer la importancia que tienen para el futuro económico de una empresa ventanas bien arregladas y llamativas.

De más está decir que las ventanas deberán de tener una adecuada iluminación durante las noches, dicha iluminación deberá ser de diferentes colores y el objetivo es el de hacer resaltar los productos exhibidos.

Control de los inventarios

Se debe comenzar esta sección haciendo énfasis de que la función básica del detallista es la de tener a mano niveles de inventario que les permitan a los clientes tener una amplia selección y variedad de mercancía donde escoger.

Como quiera que la lista de existencia mínima deberá contener no solamente artículos que deben llevarse en existencia, sino también la cantidad mínima que debe mantenerse y la cantidad de reposición en un momento dado, esta lista deberá ser preparada de acuerdo con la experiencia del detallista y de la información suministrada por mayoristas y fabricantes.

Será responsabilidad del dueño el desarrollar otras fuentes de información relativas al tipo de mercancía que se debe de ofrecer en venta. Entre estas fuentes tenemos:

1. Cuestionarios llenados por clientes.
2. Sugerencias del personal de ventas.
3. Mercancía vendida por los competidores.

El tamaño de dicha orden de compras así como su frecuencia deberá de estar regido por el método de la Cantidad Óptima que explicamos en el Capítulo XV.

Recepción, chequeo y marca de la mercancía

Un aspecto importante relativo a la operación de una tienda de ventas al detalle, es aquel relativo a la recepción, chequeo o comprobación y marca de la mercancía.

Será responsabilidad del que recibe la mercancía y la desempaca el de revisar que la cantidad recibida coincida con la orden de compra y que esté en perfectas condiciones.

El siguiente paso es el de marcar la mercancía de acuerdo con el margen previamente establecido. Por último la mercancía una vez marcada deberá de ser llevada al piso de ventas o almacenada cuidadosamente para su posterior envío al salón de ventas.

RESUMEN

1. La característica esencial del establecimiento de ventas al detalle, es la variedad de firmas y la amplitud del área de especialización dentro de este sector industrial.

2. Un aspecto fundamental en la operación de una tienda de ventas al detalle, es que el dueño de ésta deberá ser sensible a las demandas del mercado que sirve.

3. Entre los diferentes tipos de tiendas de ventas al detalle tenemos: a) la tienda de especialidad; b) la que vende una sola línea; c) tienda de variedades y d) tiendas por departamentos.

4. Entre las fuerzas sociales que han influenciado el tipo y estilo de ventas al detalle en la América Latina tenemos el crecimiento de la población y el movimiento hacia las zonas urbanas.

5. Entre los factores económicos que afectan las ventas al detalle tenemos el aumento de la fuerza laboral en la América Latina y el aumento del Producto Nacional Bruto per Cápita en los diferentes países de Sur América.

6. Cuatro aspectos relacionados con el mercado de una empresa pequeña que deben de tenerse en cuenta son la publicidad, el ciclo de vida de los productos, el entrenamiento del personal y la medición de las áreas del mercado.

7. En cuanto a la promoción y publicidad el comerciante tiene los siguientes canales para enviar un mensaje a los clientes. El periódico, la radio, hojas de anuncios e inclusive la televisión.

8. La publicidad y promoción tienen por objetivo:

a) Aumentar sus ventas.

b) Estimular a clientes potenciales a que visiten la tienda.

c) Estimular ventas inmediatas por medio de ventas especiales.

d) Promover el mayor uso de ciertos productos.

9. Los objetivos que el detallista aspira a alcanzar por medio de un arreglo esquemático del interior del local son:

1. Maximizar las ventas.

2. La más eficiente operación de la firma.

3. Comodidad del cliente.

Preguntas de repaso

1. ¿Cuáles son algunas de las características del giro de ventas al detalle?

2. Enumere y evalúe cuatro clases de establecimientos de ventas al detalle.

3. Discuta alguno de los aspectos del ambiente social que afectan las ventas al detalle.

4. ¿Cómo afecta a la industria detallista en la América del Sur el movimiento de población hacia las zonas urbanas?

5. ¿Cuáles son las cuatro preguntas que el comerciante deberá de contestar satisfactoriamente antes de poder tomar una decisión acertada relativa a la publicidad?

6. ¿Cuál es el ciclo de vida normal de un producto?

7. ¿Qué es el área del mercadeo?

8. ¿Cómo se puede determinar el área de mercadeo?

9. ¿Cuáles son los objetivos que se persiguen por medio de un establecimiento de ventas al detalle?

BIBLIOGRAFÍA

CAPÍTULO 18

Banco Interamericano de Desarrollo. *Progreso económico y social en América Latina, informe 1976.* Washington, D.C.

Boone, Louis E., James C. Johnson. *Marketing Channels. Morristown:* General Learning Press, 1973.

Gist Ronald R. *Management Perspectives in Retailing.* New York: John Wiley & Sons, Inc., 1967.

Inter-American Development Bank. *Economic and Social Progress in Latin America, 1977 report.* Washington, D.C.

Kotler, Philip. *Marketing Management Analysis, Planning and Control.* Englewood Cliffs: Prentice-Hall, 1967.

McCarthy, E. Jerome. *Basic Marketing a Managerial Approach.* 3ra. ed. Homewood: Richard D. Irwin, Inc., 1968.

Ragan, Robert C. *Financial Record Keeping for Small Stores.* Small Business Management Series No. 32. Small Business Administration. Washington, D.C.: U.S. Government Printing Office, 1966.

Ryans, John K. James, H. Donnelly, Jr., John M. Ivancevich. *New Dimensions in Retailing: a Decision Oriented Approach.* Belmont: Wadsworth Publishing Company, Inc., 1970.

Wingate, John W. *Management Audit for Small Retailers.* Small Business Management Series No. 31. 2da. Ed. Small Business Administration. Washington, D.C.: U.S. Government Printing Office, 1971.

CAPITULO XIX

CÓMO OPERAR UNA FIRMA DE SERVICIO

Se puede definir la firma de servicio como aquella que realiza actividades a clientes a cambio de un honorario o a base de contrato.

Entre las múltiples actividades que caen bajo la definición anterior tenemos: mantenimiento, transporte de productos, publicidad, contabilidad, auditoría, ingeniería, seguros, bienes raíces, etc.

El número de firmas de servicio está aumentando rápidamente ya que existe una serie de factores que facilitan y estimulan la entrada en esta industria. Entre estos factores tenemos los que siguen:

1. El poder operar desde la casa misma de uno.
2. Lo limitado de la inversión requerida inicialmente.
3. La alta demanda que existe para toda clase de servicio.
4. La oportunidad de emplear un oficio o artesanía para hacer dinero y al mismo tiempo ser su propio jefe.

El primer punto es fácilmente explicable. Muchos de los servicios que se pueden prestar no requieren de talleres elaborados o de amplias oficinas. Inclusive el servicio en casi todas las instancias es prestado en el local del propio cliente. Todo esto permite que se pueda operar desde la misma casa.

El segundo punto es en realidad una de las características propia de la industria, ya que es innecesario tener un inventario. En la mayoría de los casos el que presta un servicio únicamente requiere instrumentos y destreza para manejarlos.

La alta demanda que existe para toda clase de servicios lo determina la variedad de productos que existen en el mercado, que sus dueños o no saben como repararlos o no disponen de suficiente tiempo para hacerlo. Todo esto hace que exista la oportunidad de hacer buen dinero en este sector.

Por último, la oportunidad de emplear la destreza, pericia o experiencia de uno en algún oficio y recibir un honorario o pago por ello es el otro factor que hay que considerar. El poder ser su propio jefe y no tener que recibir órdenes de un superior constituye para muchos adecuada compensación.

Ubicación de las firmas de servicios

A menos que el servicio que se ofrece tenga una demanda suficientemente alta y atraiga clientes, el negocio deberá de situarse relativamente cerca de donde se encuentran los clientes potenciales.

Establecimientos de servicio tales como barberías, corredores, oficinas de bienes raíces usualmente pueden estar situados en el interior de arcadas o formar parte de centros de compra suburbanos. Aquellos tipos de servicios tales como los de consultas médicas, dentistas, optometrías, no tienen que estar en la planta baja, pudiendo estar situado en los altos y por lo tanto poder pagar renta mucho menor.

Por último otras clases de servicios tales como reparación de televisores, plomería, electricistas, etc. no requieren estar situados en calles principales pudiendo estar situados en arterias comerciales secundarias.

Características de los problemas que afectan las empresas de servicio

Como quiera que es usual que una empresa de servicio se desarrolle alrededor de la capacidad, experiencia y destreza del dueño, será necesario que progresivamente ésta vaya creando una imagen de calidad en cuanto al servicio que presta y en esa forma hacer que la confianza del cliente presente y potencial vaya en aumento.

La confianza de la clientela es fundamental en la empresa de servicio, sin ella ésta no tiene posibilidades de subsistir.

La otra característica de una firma de servicio triunfadora es que ésta debe de adaptarse a los cambios de métodos y de tecnología para de esa manera mantenerse en una forma competitiva. Ejemplo es el caso de nuevos productos que requieren que el que los repara esté al tanto de las innovaciones y de las nuevas modificaciones.

Importancia de la publicidad en firmas de servicios

Como quiera que las firmas dedicadas a servicio no están situadas céntricamente, ellas dependerán para su promoción y publicidad de la calidad del trabajo realizado. Ahora bien, en muchos casos a pesar de lo anterior, el mercado que se le ofrece a la firma de servicio es limitado, ya sea debido a la competencia o a la falta de clientes. Por lo tanto la única alternativa que la firma tiene es la de anunciarse y la de darse a conocer por medio de una inteligente campaña de publicidad.

Esquema o arreglo interno de una empresa de servicio

El arreglo o acomodamiento interno de una empresa de servicio, dependerá según se trate de una firma de servicio relacionada con mercadeo tales como restaurantes, barberías, dentistas, etc., o se trate de una firma de servicio que, como una tintorería o un taller de reparaciones de televisores, requerirá un local similar al de una fábrica y requerirá algún tipo de procesamiento.

Parte importante del proyecto del esquema interno de la empresa consiste en la necesidad de incluir en ella salones de recepción y espera para clientes. Dichos salones deberán de estar limpios y poseer sillones y butacas cómodas si es posible con aire acondicionado para el confort y conveniencia de los clientes.

Empleo de personal adiestrado y el uso del crédito

A medida que la firma de servicio crece y llega el momento de contratar nuevos empleados, el dueño se enfrentará a problemas tales como la selección del individuo que va a emplear y la función que éste va a realizar, una vez que es escogido. Aquí el empresario tendrá que decidir, si contrata a alguien ya entrenado o si va a entrenarlo después que lo emplea.

Se ha hecho énfasis anteriormente en cuanto a la importancia que tiene para la firma la calidad del trabajo realizado, ya que es absolutamente necesario que el personal nuevo esté o sea bien entrenado antes de salir a la calle a prestar servicio.

Paralelamente a la capacidad y experiencia en el empleado deberán de concurrir los dotes de cortesía y honestidad en su relación con la clientela en general.

Si bien inicialmente la mayoría de las transacciones se realizarían de contado, a medida que el negocio se amplía será conveniente considerar el ofrecimiento de créditos a aquellos clientes que llenen los requisitos adecuados. El crédito inteligentemente utilizado podrá emplearse como un elemento adicional de promoción y publicidad lo que posiblemente resultará en un mayor volumen de ventas. Por último el lector debe reconocer, que si es costumbre en la industira ofrecer crédito a los clientes, la firma que no lo haga estará en franca desventaja.

Aspectos sociales y económicos que afectan las empresas de servicio

Los mismos factores económicos y sociales que afectan las empresas detallistas y que fueron identificados en el capítulo anterior también ejercen influencia sobre las firmas de servicio. En la mayoría de los casos, factores tales como el aumento de la población, el movimiento de la población hacia las ciudades y de éstas a los suburbios, el aumento de la fuerza laboral y el aumento del producto nacional bruto per cápita representan oportunidades a las firmas de servicio.

Control de inventario

En una sección anterior del capítulo indicamos que una de las características de una firma de servicio era que no había necesidad en muchos casos de tener un inventario de productos o mercancías. Ahora bien, existen casos como el del electricista, el reparador de televisores, etc., que es posible que sí tenga algún inventario limitado de piezas de repuesto. En estos casos la política a seguir es similar a la explicada en el capítulo anterior.

Antes de pasar al siguiente tema deberá de hacerse énfasis, que en el caso de las firmas de servicio el control de inventario se ejerza en unidades físicas.

RESUMEN

1. La firma de servicio es aquella que realiza actividades a clientes a cambio de un honorario a base de contrato.

2. Múltiples son las actividades que caen bajo la definición de firmas de servicio.

3. Cuatro son los factores que facilitan la entrada al sector de servicio.

   a) La facilidad de poder operar desde la casa misma de uno.

   b) Lo limitado de la inversión inicial.

   c) La alta demanda que en el mercado existe para toda clase de servicio.

d) La oportunidad de emplear un oficio o artesanía para hacer dinero y al mismo tiempo ser su propio jefe.

4. A menos que el servicio que se presta tenga una demanda suficientemente alta y atraiga clientes, la firma de servicio se verá forzada a situarse relativamente cerca de donde se encuentran los clientes potenciales.

5. Debido a la poca visibilidad en el mercado de la firma de servicio ésta dependerá para su promoción y publicidad en la calidad del trabajo realizado.

6. El arreglo interno de una empresa de servicio depende según se trate de una firma de servicio que se relacione con actividades de mercado o de procesamiento.

7. Paralelamente a la capacidad y experiencia del que realiza los servicios deberá tener dotes de cortesía.

8. El ofrecer facilidades de crédito es parte principal de las operaciones de las empresas de servicio.

9. Los mismos factores sociales y económicos que afectan a las empresas de ventas al detalle también afectan a las empresas de servicio.

Preguntas de repaso

1. ¿Cuáles son las características de las firmas de servicio?

2. ¿Cuáles son los factores que estimulan la entrada en el sector de firmas de servicio?

3. ¿Por qué es importante el uso inteligente de la publicidad en firmas de servicio?

4. ¿Qué función realiza el crédito en las firmas de servicio?

5. ¿Qué factores hay que tener en cuenta en el arreglo esquemático interno de una empresa de servicio?

6. ¿Por qué los dotes de cortesía son especialmente importantes en una empresa de servicio?

7. ¿Qué aspectos económicos y sociales tienen que ver con las firmas de servicio?

8. ¿Cómo se diferencia el control de inventario de una firma de servicio del de una firma de ventas al detalle?

9. ¿Cuáles son algunos de los problemas típicos de una firma de servicio?

BIBLIOGRAFÍA

CAPÍTULO 19

Broom, H.N., Justin G. Longenecker. *Small Business Management*. 5ta. ed. Cincinnati: South-Western Publishing Co., 1979.

Frantz, Forrest H. *Successful Small Business Management*. Englewood Cliffs: Prentice-Hall, Inc., 1978.

Metcalf, Wendell O., Verne A. Bunn, C. Richard Stigelman. *How to Make Money in Your Own Small Business*. Vacaville: The Entrepreneurs Press, 1977.

Pickle, Hal. B., Royce L. Abrahamson. *Small Business Management*. Santa Barbara: Wiley/Hamilton Publication, 1976.

Tootelian, Dennis H., Ralph M. Gaedeke. *Small Business Management Operations and Profiles*. Santa Monica: Goodyear Publishing Company, Inc., 1978.

CAPÍTULO XX

CÓMO OPERAR UNA EMPRESA MANUFACTURERA

Entre todos los tipos de empresas pequeñas, aquella que requiere una mejor coordinación y planificación en su dirección por parte del empresario, está la empresa manufacturera.

Este tipo de empresa es aquella que se dedica a la fabricación de bienes. Este proceso de transformación se inicia en el momento que la materia prima es adquirida y concluye, una vez que el producto está terminado y listo para la venta.

Se pueden distinguir dos tipos de productos manufacturados, bienes de consumo y bienes industriales.

Por bienes industriales se entiende aquellos productos que son empleados en la manufactura de otros productos. Entre ellos tenemos maquinarias, equipos de producción, etc.

Bienes de consumo son aquellos que son utilizados por el último comprador para sí mismo.

Coordinación y planificación

Al principio del capítulo se mencionó la importancia de la coordinación y planificación en este tipo de empresa. La razón es muy simple, desde el momento que una firma comienza a fabricar artículos en cantidad se hace imperativa la cuidadosa planificación de la compra de la materia prima, y su arribo progresivo a la empresa. Desde el punto de vista interno hay la necesidad de programar las maquinarias que serán utilizadas en la elaboración del producto, así como la selección y entrenamiento del personal responsable.

Administración del personal y organización de la empresa

Como el lector sabe, con excepción de firmas muy pequeñas, en aquellas empresas bien administradas existe usualmente algún tipo de organigrama. Sin la existencia de las líneas de autoridad, que son especificadas y definidas, por dichos organigramas se corre el peligro de que la responsabilidad sea mal distribuida y deficientemente ejecutada.

Cuando las líneas de autoridad y responsabilidad son claramente conocidas por todos los empleados, cada uno puede realizar su trabajo respectivo en una forma más eficiente.

Parte integral del estilo de administración de una fábrica es la que se refiere a la cantidad de autoridad y responsabilidad que el dueño ha delegado a los miembros claves de la organización. Debe recordar el lector, que en el momento que el dueño delega autoridad a un miembro clave de la organización él se está librando de tener que ocuparse y tomar decisiones relativas al área que se ha delegado.

Es lógico que el grado de delegación de autoridad dependa de la competencia de los supervisores y del personal clave. Por último, hay que reconocer que la delegación de autoridad sirve un doble propósito:

a) le deja al dueño de la empresa más tiempo para las actividades relacionadas con la administración de la empresa.

b) promueve la moral del personal al darle al subordinado la oportunidad de ejercitar su creatividad en beneficio propio y de la compañía.

Parte fundamentalísima de la asignación de la responsabilidad y autoridad a subordinados es la de suministrar a cada uno de ellos una descripción clara y precisa del trabajo que deben de realizar individualmente. Se hace muy difícil mantener una eficiente operación si cada empleado no sabe en una forma precisa lo que se espera de él y sus colegas.

El último aspecto relativo a la organización interna de la empresa manufacturera, es aquel que se refiere al crecimiento de la firma y las implicaciones que este crecimiento tiene para la empresa. Es responsabilidad de la gerencia tener en cuenta este crecimiento potencial en el proceso de planificar las operaciones futuras. Implícito en esta cuestión del crecimiento está el aspecto de la selección, entrenamiento y dotación de futuros gerentes y jefes de departamentos.

Diseño de la planta

El diseño de la planta, donde ha de instalarse la fábrica, deberá de tener en cuenta los siguienes aspectos:

a) La construcción del edificio deberá de estimular y facilitar el futuro aumento de la producción, al hacer posible la situación y colocación de las maquinarias, en una forma tal que realice el más eficiente flujo de la materia prima desde el depósito a la línea de producción, el mismo proceso de fabricación y la transferencia de los productos terminados al almacén o piso de venta.

b) Que el edificio o planta esté construido de un material y en una forma tal que permita un fácil y poco costoso mantenimiento del mismo.

c) Que el edificio o planta esté diseñado teniendo en cuenta las condiciones de trabajo pues estas influyen en la moral y la productividad de los empleados.

d) Que la planta esté diseñada con miras al futuro y lo suficientemente flexible de manera que pueda ser su esquema interior reorganizado y adaptado a cambios en el proceso de manufactura.

e) Que el diseño de la planta permita si el dueño lo desea una progresiva automatización. Esto es, un mayor énfasis hacia el uso de maquinarias y equipos con el consiguiente aumento en la eficiencia de las operaciones.

Como se habrá dado cuenta el lector, el denominador común más importante en el diseño de una planta de manufactura pequeña es la flexibilidad y adaptabilidad en el diseño inicial, de manera que la fábrica pueda hacer frente a las condiciones cambiantes del mercado y del proceso de manufactura.

Sin embargo, la única manera de alcanzar la flexibilidad y adaptabilidad es por medio de la adecuada adquisición inicial de suficiente terreno, no solamente para las necesidades iniciales sino para la futura expansión y ampliación de la planta, a) el empleo de construcciones de módulos o unidades que puedan ser agregadas o construidas cuando sea necesario. El uso de la técnica por módulos requiere que las paredes de la planta o fábrica puedan ser removidas o relocalizadas para facilitar el establecimiento de nuevos departamentos o líneas de producción, b) el uso de domos o de cúpulas que permitan el establecimiento de puntos de recepción o de despacho de productos, la característica del domo o cúpula está en la facilidad con que puede ser situado en posición, c) techo alto que facilite el uso de transportadores o "conveyors" y la situación de las tuberías y líneas de gas o electricidad por los aires.

Esquemas posibles de la línea de producción

En la típica fábrica el esquema seguido por la línea de producción (o de ensamblaje) es aquel en la cual la materia prima es introducida en un extremo de la línea y progresa a través de una serie de etapas de producción hasta que al final de la línea surge el producto ya terminado, el cual pasa al departamento de embarque o al depósito de productos terminados.

Un ejemplo gráfico de este tipo de producción es el que se muestra a continuación.

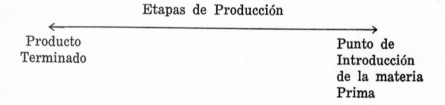

Etapas de Producción

Producto Terminado

Punto de Introducción de la materia Prima

Es común que aquellas empresas que emplean este tipo de línea "recta" de producción, tengan el punto de recepción de materia prima en un extremo donde se encuentra un andén a través del cual se recibe del exterior mercancía. Al otro extremo de la línea de producción también existe un andén por el cual sale el producto terminado al ser cargado en camiones. Un defecto de este tipo de esquema es que en la fábrica habrían dos puertas que dan al exterior, una a cada extremo de la línea de producción lo que complica el aspecto de seguridad contra robos.

Otro tipo de esquema es aquel en forma de *U*. Este tipo es un tipo de línea de producción que está siendo empleado eficazmente por una serie de empresas manufactureras de tamaño mediano.

Una de las ventajas iniciales es que tanto la recepción como el envío de productos puede ser llevado a cabo por el mismo punto. Esto es, un mismo andén sirve para recibir la materia prima y enviar para afuera el producto terminado. Es obvio que aparte de mejorar la seguridad dentro de la planta, el uso común de equipo, labor y andén ahorra dinero.

Un beneficio adicional es la flexibilidad que existe para una expansión potencial de la planta ya que el centro del edificio es diseñado para crecimiento adicional.

Un ejemplo gráfico de esta clase de esquema es el que sigue a continuación.

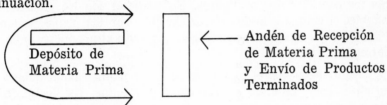

Depósito de
Materia Prima

Andén de Recepción
de Materia Prima
y Envío de Productos
Terminados

Departamento de Mantenimiento

Una nueva fábrica deberá estar diseñada teniendo en consideración que el mantenimiento del edificio y de los equipos pueda ser llevado a cabo en una forma económica y eficiente.

Es por lo tanto de importancia vital que las facilidades físicas del departamento de mantenimiento estén situadas estratégicamente cerca de las líneas de producción y de los equipos que serán objeto de la atención del personal de mantenimiento. Una situación estratégica ahorrará tiempo en las idas y venidas del personal, y en el acarreo del material y herramientas necesarias para resolver los problemas.

El uso de intercomunicadores de radio en lugares selectos permitirá que una más rápida y eficiente comunicación se lleve a cabo entre la línea de producción y el departamento de mantenimiento.

Por último al emplearse material ya para la construcción de la fábrica o ya para su posterior mantenimiento deberá emplearse aquel que requiere un menor mantenimiento y reparación.

Planificación y control de la producción

Una ineficiente producción es característica de plantas o fábricas pequeñas. Esto ocurre cuando la gerencia ha planificado incorrectamente o cuando no existe un control continuo que asegure que el rendimiento sea llevado a cabo de acuerdo con los planes previamente desarrollados. Es común que los planes que se han elaborado requieran de la planta un volumen de actividad que sea totalmente ilógico cuando se compara con el pronóstico de ventas para el período futuro.

En otros casos, aun cuando la planificación de la producción ha tenido en cuenta los pronósticos de venta, el control de la producción es débil o no existente, resultando en gastos excesivos tales como en los casos de exceso de compra de materia prima o el empleo de personal parcialmente entrenado.

Es por lo anterior que el establecimiento de metas de producción debe de comenzar con una idea precisa y clara, de qué es lo que quieren los compradores o clientes. En realidad son los clientes los que establecen cuotas o metas de producción por las pequeñas empresas. El factor que queda por precisar es cuándo el producto tiene que ser entregado a los clientes.

De manera que el primer paso en la planificación deberá de ser un cuidadoso estimado o pronóstico de ventas. Es decir, cuánto se espera vender y cuándo es que hay que hacer la entrega de la mercancía. Ya hemos estudiado en capítulos anteriores los métodos a la disposición del pequeño empresario para estimar en una forma más o menos exacta el pronóstico de ventas, de manera que no volveremos a repetirlos aquí. Baste decir que en aquellos casos en que la demanda del producto que se fabrica es relativamente estable, el estimado de ventas se puede hacer por medio de un análisis detallado de las ventas de dos años anteriores y sumándoseles cierta cantidad adicional de unidades, representando estas unidades adicionales el esperado aumento en la demanda del producto.

En aquellos casos en que uno fabrique productos que son altamente competitivos habrá que emplear estudios de mercadotecnia incluyendo cuestionarios y métodos estadísticos (véase el Capítulo XIV).

Conocer el futuro volumen de ventas no es suficiente. Se hace necesario convertir dicho volumen de ventas en cantidades de producción. Esto se debe hacer si uno aspira a tener control sobre los costos de producción.

El horario o itinerario de producción solamente se puede planear cuando se sabe el volumen total de la producción y el ritmo diario de fabricación.

Después que se ha obtenido el volumen total de la producción, el próximo paso es el ritmo diario de producción teniendo en cuenta cuándo es que el cliente quiere la entrega de la mercancía.

Control presupuestario de gastos

El mejor método de controlar la producción es a través de un presupuesto de producción. Este presupuesto detallará la cantidad anticipada de mano de obra, materia prima y costos fabriles basados en el volumen de producción deseado. Será necesario que estos costos —costos estimados— sean comparados con los costos reales y se identifiquen las desviaciones. El estudio y análisis detallado de las desviaciones resulta en medidas correctivas, a los efectos de mantener el rendimiento bajo control.

Si bien el desarrollo de un presupuesto de producción completo va más allá del objetivo de este libro, ya que consiste en sí en materia especializada en el tratamiento de la cual el dueño o gerente de empresa deberá asesorarse con un Contador Público o Titulado; si queremos indicar algunos aspectos sobresalientes del presupuesto.

En primer lugar, el lector debe de comprender que en la amplia mayoría de los casos en que nos enfrentamos a un presupuesto de producción podemos observar que el tiempo (el tiempo de máquina), la mano de obra, el tiempo de procedimiento, etc., aparecen expresados en términos monetarios. Es lógico que costos excesivos en cualesquiera de estas categorías pueda resultar en pérdidas para la empresa. Por ello es que todo presupuesto de producción que intente reflejar planes de producción deberá basarse en estándares de producción.

Dentro del presupuesto mismo se pueden identificar una serie de tres tipos de costos presupuestados los cuales se deberán comparar con los costos reales. El primero de dichos costos son los costos fijos tales como la depreciación, venta y mano de obra indirecta. Estos costos no varían con los volúmenes de producción. Costos variables, tales como la mano de obra directa, la materia prima directa y los costos fabriles variables. Estos costos varían en una forma proporcional a los volúmenes de actividad.

Control del material averiado y desperdicios

El control del material averiado está relacionado directamente con el control de calidad. La calidad de un producto comienza con su diseño. Es necesario el establecimiento de puntos de control de calidad en ciertas etapas de producción. La inspección de las partes y del ensamblaje del producto asegurará que el producto salga de la fábrica en perfectas condiciones.

La cantidad de material averiado y los desperdicios de fábrica varían según la complejidad del producto, la experiencia y destreza de los trabajadores y la calidad de los equipos de manufactura empleados en el proceso.

La manera de controlar el desperdicio es estableciendo estándares semanales o mensuales de desperdicio que debe ocurrir en condiciones normales. Tan pronto las cantidades reales de desperdicio pasan por encima de los estándares se sabe que hay que tomar algún tipo de acción correctiva.

Las técnicas de control estadístico de calidad se basan principalmente en las leyes de la probabilidad. Específicamente el empleo de gráficos y los planes de inspección en aquellos puntos claves de la línea de producción donde se hace la aceptación del producto basado en un muestreo científicamente diseñado. En términos generales podemos identificar dos clases de gráficos para el control de calidad. La de atributos y la de variables. Los gráficos variables se basan en la inspección de variables las que, para cada unidad producida implica una medida de precisión de la variable de la calidad dada. Solamente se requieren pocos cuidados en la muestra. En el caso de gráficos de atributos el tamaño de la muestra es mucho mayor para poderse hacer con precisión la determinación.

Métodos de programación del trabajo

El empleo de gráficos le permite al empresario visualizar y comprender las actividades que están siendo controladas por medio de la programación de la producción.

Los gráficos más usados son: *la del gráfico de operaciones en proceso, gráfico del flujo del proceso, gráfico de carga de las maquinarias y el gráfico basado en el método PERT.*

El gráfico de las operaciones en proceso es una representación gráfica de las diferentes operaciones, el tiempo permitido para cada una así como el material usado en el proceso de fabricación. Básicamente describe las diferentes actividades necesarias para llevar a cabo el trabajo.

El gráfico del flujo del proceso es una representación gráfica de todas las operaciones, transportaciones, inspecciones, retrasos y necesarios almacenamientos relacionados con el proceso de producción.

La gráfica de carga de las maquinarias a menudo llamada el gráfico de Gantt es usada para programar una de las máquinas de producción o para programar el tiempo de la operación en horas, días o semanas. Varias de las maquinarias o equipos de producción pueden ser programados al mismo tiempo en una gráfica empleando barras horizontales.

El gráfico PERT (Program Evaluation and Review Technique) o diagrama de una red de trabajo, es empleado para planear y programar una serie de actividades de producción entrelazadas que avanzan hacia una meta final.

Control del inventario

En un proceso manufacturero nos encontramos con tres tipos de inventario. El de materia prima, el de trabajo en proceso y el de producto terminado.

La manera en que se controlan estos tres inventarios depende de las tendencias cíclicas y estacionarias de las ventas, la variedad de productos que se fabrica, los métodos de ensamblaje así como las partes necesarias para fabricar el producto.

Si bien es verdad que la típica planta o fábrica pequeña no requiere un control de inventario muy elaborado, sí se debe tener en cuenta la disponibilidad de la materia prima en mano de los abastecedores, así como el tiempo que se necesita para llevar el material a la planta desde el momento en que se expide la orden de compra. Otros factores a considerar son el tiempo requerido para la producción y las fechas de entrega del producto terminado a los clientes.

SUMARIO

1. Es la empresa manufacturera aquella que requiere una mejor coordinación y planificación en su dirección.

2. Se pueden distinguir dos tipos de productos manufacturados, bienes de consumo y bienes industriales. Bienes industriales son aquellos que son empleados en la manufactura de otros productos. Bienes de consumo son aquellos utilizados por el último comprador para sí mismo.

3. La importancia de un organigrama se debe a que en él las líneas de autoridad así como los puestos asignados a individuos son gráficamente representados.

4. Parte fundamentalísima de la asignación de responsabilidad y autoridad a subordinados es la de suministrar a cada uno de ellos una descripción clara y precisa del trabajo que deben de realizar individualmente.

5. Entre los factores que hay que tener en cuenta en el diseño de la planta están dos. El que la construcción del edificio deberá de estimular y facilitar el futuro aumento de la producción al hacer posible la situación y colocación de las maquinarias en una forma tal que realice el más eficiente flujo de la materia prima desde el depósito a la línea de producción y también que el edificio o planta esté construido de un material y en una forma tal que permita un fácil y poco costoso mantenimiento del mismo.

6. Entre los esquemas posibles de la línea de producción tenemos el de la línea recta y el de forma en U.

7. El departamento de mantenimiento deberá estar situado lo más eficientemente en relación con el taller de producción.

8. El primer paso de la planificación de la producción deberá de ser un cuidadoso estimado o pronóstico de ventas.

9. El horario o itinerario de producción solamente se puede planear cuando se sabe el volumen total de la producción, y el ritmo diario de fabricación.

Preguntas de repaso

1. ¿Cuál es el defecto del esquema de la línea de producción en línea recta?

2. ¿Dónde debe de estar situado el departamento de mantenimiento?

3. ¿Qué pasa cuando la producción no ha tenido en cuenta los pronósticos de venta?

4. ¿Qué relación hay entre el horario o itinerario de producción y el ritmo de producción?

5. ¿Cuál es la importancia del presupuesto de producción?

6. Discuta varios métodos de Programación de Trabajo.

7. ¿Cuántos tipos de inventario hay en un proceso manufacturero y qué factores hay que tener en cuenta para controlarlos?

8. ¿Qué propósitos sirve la delegación de autoridad?

9. ¿Qué es el control de calidad?

BIBLIOGRAFÍA

CAPÍTULO 20

Broom, H .N., Justin G. Longenecker. *Small Business Management*. 5ta. ed. Cincinnati: South-Western Publishing Co., 1979.

Brummet, R. Lee, Jack C. Robertson, *Cost Accounting for Small Manufacturers*. 2da. ed. Small Business Administration. Washington, D.C.: U.S. Government Printing Office, 1972.

Faucett, Philip M. *Management Audit for Small Manufacturers*. Small Business Administration. Washington, D.C.: U.S. Government Printing Office, 1963.

Immer, John R. *Profitable Small Plant Layout*. 2da. ed. Small Business Administration, Washington, D.C.: U.S. Government Printing Office, 1964.

Jacobson, Henry J. "Quality Control Management of Small Business" *Industrial Quality Control*. Vol. 19 No. 9 (Marzo 1963).

Klatt, Lawrence A. *Small Business Management: Essentials of Entrepreneurship*. Belmont: Wadsworth Publishing Company, Inc., 1973.

Prasad, S. Benjamin. *Modern Industrial Management*. San Francisco: Chandler Publishing Company, 1967.

Schabacker, Joseph C. *Cash Planning in Small Manufacturing Companies*. Small Business Administration, Washington D.C.: U.S. Government Printing Office, 1960.

Stegall, Donald P., Lawrence L. Steinmetz, John B. Kline. *Managing the Small Business*. Homewood: Richard D. Irwin, Inc., 1976.

Índice

O

Objetivos, de ventas, 174; específicos de un sistema de contabilidad, 131, 132
Objetivos y metas de la firma, determinación de, 28
Obraje, 7
Observación personal, 190
Obtención, de resultados en forma rápida y concreta, 22; de seguros, 127
Omegas, 23, 24
Oportunidad de adquirir experiencia empresarial, 18
Organismos estatales y paraestatales, Colombia, 198; Ecuador, 199; México, 199; países centroamericanos, 201; Paraguay, 199; Perú, 199, 200; República Dominicana, 199; Uruguay, 200; Venezuela, 200, 201
Organización, 114, 115; de la empresa, 238, 239

P

Pacífico, 6
Pacto Subregional Andino, 212, 213
Panamá, 4; canal de, 7; ciudad de, 6; Istmo de, 6
Patentes, 134
Pequeña empresa, 5, 6, 7; áreas en que se desenvuelve, 10; desventajas competitivas de, 11; futuro en la América Latina, 14; qué es, 8; ventas competitivas de la, 11
Pérdidas debidas a desastres naturales, 125
Pérdidas debidas al cierre temporero, seguro contra, 126
Personal, administración de, 228, 239; entrenamiento de, 223; presente y futuro, 62; reclutamiento y entrenamiento de, 116
Personal adiestrado, empleo de, 233
Perú, 4, 6, 100, 103, 104
Plan de factibilidad, 64
Planta, diseño de, 239
Planificación, 113, 114, 237, 238; cuatro fases importantes de, 82; y control de la producción, 241, 242
Plusvalía, 59, 64, 134; evaluación de, 59, 60
Poder, deseo de, 20
Política, mercantilista, 3, 14; monopolista, 3
Porcentaje de ventas, 174, 175
Porción de mercado, cómo estimarla, 170, 171
Potosí, 5, 6
Presencia hispánica en los Estados Unidos, 8
Préstamo, fuentes de, 89
Préstamos bancarios, cómo obtenerlos, 86
Presupuestos, 160; clasificación de, 161, 162
Principio, de autoridad y responsabilidad, 111; de control, 111; de delegación, 112; de división de trabajo, 111; de la continuidad administrativa, 112; de la óptima cantidad de subordinados, 112; de la unidad de dirección, 112; de objetivos, 111; de planificación y factibilidad, 111; de relaciones humanas, 112
Principios de administración, 110, 111
Problemas en la obtención de fondos, 86
Problemas que afectan las empresas de servicio, características de, 232, 233
Producción, costos de, 207, 208; planificación y control de, 241, 242
Programación del trabajo, métodos de, 244
Promoción de ventas, 173
Proteccionismo, 208
Prueba del ácido, 46
Publicidad, 174; y promoción de ventas, 222, 223
Puerto Rico, 8; organizacionales legales en, 105, 106
Punto de equilibrio, 152, 153, 154, 155, 156, 157, 158, 159

Q

Quiebra y disolución de la empresa, 106
Quinto del Rey, 4
Quito, 5

R

Razón, 46
Recepción, chequeo y marca de la mercancía, 228
Recompensa y riesgo de ser empresario, 19
Reclutamiento y entrenamiento del personal, 116, 117
Recursos personales, arriesgarlos, 18
Regalar muestras, 173
Registro, de Comprobantes, 43; de ingresos del empleado, 43; de Nómina, 43, 44
Relaciones humanas, 118
República Dominicana, 103
Requisitos para ser considerado como una empresa pequeña, 202
Requisitos que deben tomarse en cuenta para ciertos tipos de negocios, resumen, 72, 73
Respeto propio, 28
Responsabilidad de la firma, 33
Responsabilidad civil, 125; seguro de, 126

Rey, quinto de, 4
Riesgos, 128; de incendio, 124; más comunes, 124; moderados, 22
Rifas y concursos, 173
Robos y fraudes, 124

S

San Juan, 8
San José de Costa Rica, 5
San Pablo, 8
Santiago de Chile, 5
Satisfacción plena, 28, 29
Seguridad, necesidades de, 28; relativa, 18
Seguro, obtención de, 127
Seguros, contra incendios, 125; contra las pérdidas debidas al cierre temporero, 126; contra robos, 126; de automóvil, 126; de responsabilidad civil, 126; de vida, 126
Selección, de un área geográfica, 68, 69, 70; de un barrio o vecindario donde situar la empresa, 70, 71, 72; del cliente que recibirá crédito, 183, 184, 185, 186, 187
Servicio, a los clientes, 223; social como meta, 30
Servicios que un banco puede prestarle a una pequeña empresa, 88, 89, 94
Sevilla, 3
Sidney Goldstein, 39
Síntomas que pronostican el posible fracaso de una firma, 46, 47
Small Business Administration, 8
Sociedad de Responsabilidades Limitadas (S.R.L.), 104
Sociedades, mercantiles colectivas, 100, 101, 102; y compañías anónimas, 102, 103, 104, 107
Steiner, 38
Subordinación, 19
Sur América, 7

T

Tabaco, estanco de, 4
Talonario de Cheques, 43
Tendencias empresariales, 22
Teoría X, 29, 30, 118
Teoría Y, 30, 118, 119
Terreno, 134
Tiempo, 22
Tienda, apariencia externa de, 227; esquema o arreglo interno de, 226
Tipos, de apoyo suministrado por diferentes países, 202; cuentas por cobrar, 182; de encuesta al alcance del pequeño empresario, 171, 172, 173; de seguros disponibles, 125
Tributo, 4
Triunfo de una firma, factores que lo determinan, 48, 49

U

Ubicación, de las firmas de servicios, 232; de los centros de población, 5
Ubicación de la empresa, 73, 74; mala, 45
Uso del crédito, 233, 234
Utilidad neta como meta, 31
Utilidades o ingresos netos / ventas, 140

V

Valores negociables, 133
Vatter, Maceís, 38
Venezuela, 100, 103, 104, 105
Venta personal, 173, 174
Ventajas, de comprar una firma en operación, 55, 56; de un empleado asalariado, 18; y desventajas de ser un empleado, 24
Ventas, a crédito, 182; a plazos, 183; especiales, 173; porcentaje de, 174, 175; publicidad y promoción de, 222, 223; objetivos de, 174
Ventas / activo fijo, 140
Ventas al detalle, aspectos del ambiente social que las afectan, 220, 221; aspectos relacionados con el mercado en un establecimiento de, 221; clases de establecimientos, 219, 220; factores económicos que las afectan, 221
Ventas al por menor, clases de establecimientos, 219, 220
Ventas / capital neto tangible, 141
Ventas / cuentas por cobrar, 140
Ventas / inventario, 140
Vida, seguros de, 126
Virreinatos del Perú y Méjico, 6
Virrey Francisco de Toledo, 6
Visión panorámica, 21
Volantes, 175

W

Woodruff, 38
Worthy, James C., 38